PÂTÉ DE CAMPAGNE
旭屋出版

CONTENTS

Chapitre*3

シェフの情熱と個性がほとばしる
ビストロやブラッスリーのパテ・ド・カンパーニュ 62

Chapitre*4

ジャンルを超えた普遍的なおいしさ
フレンチだけではないパテ・ド・カンパーニュ 79

Chapitre*5

食肉加工の専門技術が冴える
お持ち帰り、お取り寄せのパテ・ド・カンパーニュ 90

フランスでもっとも愛されているパテ

パテ・ド・カンパーニュ、「田舎風」と呼ばれるパテは、豚肉にレバーが入り、名前のとおりの素朴な味わいで愛されています。

パテは牛、豚、鶏、魚介類、野菜、ジビエ……と、各種の材料で作られる伝統的なフランス料理ですが、そのなかでもパテ・ド・カンパーニュはもっともポピュラーな存在。フランス全国のシャルキュトリーには必ずといってよいほど置いてありますし、缶詰や瓶詰の量産品も普及しており、家庭でも普通に作られます。

『新ラルース料理大事典』によると、古代ローマにはすでにパテが存在し、中世のフランスでは肉を生地で包んで焼いたパテが数多く作られていました。

これは「パテ・アン・クルート」として今日に伝えられていますが、現代では単にパテと呼ぶ場合は生地なしのタイプを指すことが多く、その筆頭として挙げられているのがパテ・ド・カンパーニュなのです。

「カンパーニュ、すなわち田舎風のパテ。パリやマルセイユのキャフェでも、山の上のレストランでも、そしてもちろん家庭の食卓でも巡り

フランスの庶民の食卓になくてはならない食文化、それがシャルキュトリー。

豚肉を無駄なく使う農民の知恵から生まれました。

Prologue

会うことができるのが、このパテ・ド・カンパーニュなのである」
シャルキュトリーにも詳しいフランス料理界の大御所、酒井一之シェフがそう語っているように、フランス庶民の食卓になくてはならない食べ物だといえるでしょう。

いまや「パテカン」と呼ばれ、フレンチを超えた広がりを見せている

日本にパテ・ド・カンパーニュが紹介されてから40年近くが経ちます。おいしいもの好きの間ではよく知られた存在でしたが、この5、6年の人気急上昇ぶりは驚くばかり。「パテカン」という愛称で呼ばれるようになって、ちょっとしたブームの様相を呈しています。
いまや提供する店はフレンチの枠を超えて、イタリアン、スペインバル、和の居酒屋、各国料理店と増えるいっぽうです。通信販売やテイクアウトショップでも全国的な広がりを見せ、家庭で手作り派もたくさん現れています。
それではなぜ、フランス生まれのパテ・ド・カンパーニュが、これほど日本で受けているのでしょうか？

シャルキュトリーにはパテやソーセージ類がずらりと並び、壮観。

どの店でも必ず置いてあるのが素朴な味のパテ・ド・カンパーニュ。

シェフたちがそれぞれの創意工夫を注ぎ込んで発展中

その理由のひとつとして考えられるのは、まずハンバーグで挽肉料理に慣れた日本人の舌になじみやすいことではないでしょうか。そして、ワインとの相性が抜群にいいこと。パテ・ド・カンパーニュとバゲットがあれば、それだけでワインがおいしく飲めて、最高に幸せな気分になれるからでしょう。

しかし、なんといっても大きいのが、日本のシェフたちのパテ・ド・カンパーニュに対する探究心。このシンプルでベーシックなパテに、各シェフがみずからの創意工夫を注ぎ込んで、本国にはない斬新な味を次々と生み出しています。

豚肉とレバーという安価な材料を使って、日本人らしい洗練された味覚に高めたパテ・ド・カンパーニュは、わたしたちの食文化にマッチした新しい「洋食」として、これからもっと定着していくかもしれません。

本書では、50枚のパテ・ド・カンパーニュを紹介します。レストラン、ビストロ、ブラッスリー、バル、居酒屋、シャルキュトリー……と、店の形態もさまざまです。この小さなひと切れのなかには、それぞれの個性と工夫、考え抜かれた調理技術が結晶しています。

原形になったパテ・アン・クルートは生地で包んであるのが特徴です。

シェフたちの創意工夫で、いまや日本の定番になりつつあります。

Chapitre*1

材料の選び方、味つけとマリネの仕方、肉の挽き方、
ファルスの練り方、焼き方、寝かせ方の詳細プロセスを解説

４人のシェフによる パテ・ド・カンパーニュの作り方 徹底講座

レストランキノシタ
木下和彦
Kinoshita Kazuhiko

ル・ボーズ
青木健晃
Aoki Takeaki

レストランオギノ
荻野伸也
Ogino Shinya

コムアラメゾン
涌井勇二
Wakui Yuji

PHOTO KUROBE TOHRU

求めるのは「きれいな味」
力強いが繊細、個性的だが純粋

「レストランキノシタ」　木下和彦

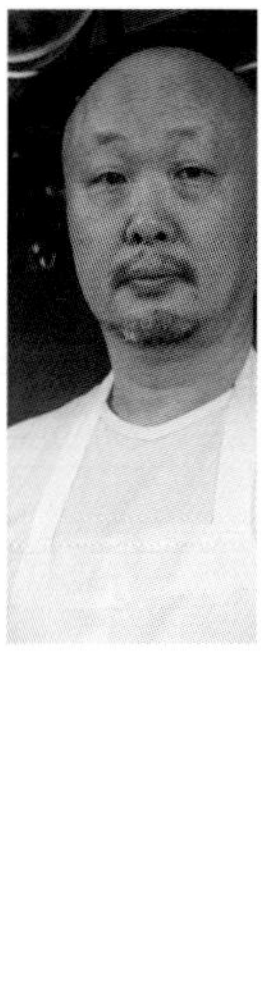

「自分が好きなパテが、自分で作るパテ」

シンプルな哲学を実践する木下シェフ。ブラッスリー時代から手がけ、「レストランキノシタ」オープン当初から作り続けている大切な一品だ。だが、二十年間前とは材料、配合、工程のすべてが変わった。

以前は、「田舎風」という名前にふさわしい荒々しさがあって、インパクトが強いほどよいと思っていたが、いまパテに求めるのは「きれいな味」。豚肉らしい風味と食感、レバーらしい香りをしっかり主張し、一度食べたら忘れない個性を持ちながら、なによりも繊細さ、純粋さが際立っている。

決してクラシックの基本を緩めずに、その時点での経験値を足しながら「もっとおいしく」に向かって改善の手を休めない。ひとつひとつの料理に長い時間をかけ、磨き上げている木下シェフらしさが遺憾なく発揮されたパテ・ド・カンパーニュである。

現在、重要な役割を担うのが、材料の選択である。豚肉は、岩手産の銘柄豚である「岩中豚」を使う。これでパテ中のゼラチン質と旨みの存在感が格段に上がったという。適度なしまりのある脂のおいしさも、特筆に値するそうだ。

白レバーを使っていたこともあるが、現在は福島県伊達郡産の「川俣シャモ」一辺倒。純系の軍鶏を祖先に持ち、平飼いで育つ銘柄鶏で、多くの有名料理人が肉を愛用しているが、レバー、ハツも抜きん出ている。プリプリとして臭みがいっさいなく、香り高い。

まずは、そのまま焼くだけで最高においしい材料を使えば、確実に結果に出るというのが木下シェフの結論だ。そのため、ファルス中の脂はもちろん、テリーヌ型に張る背脂も、岩中豚を掃除したときに出た脂をストックして使用するという徹底ぶりである。

次に特徴的なのは、下準備。肉は塩、スパイス、にんにくを揉み込み、1週間マリネして熟成香を引き出すが、鶏レバーはマリネをしない。レバーは長期マリネすると肝心な香りが失われ、臭みが出てしまうからだ。ファルスの肉とレバーを分離し、それぞれに適した仕込みを施すところが、ありそうでない発想である。

焼成には、テリーヌ型の底が鍋底から浮いた状態になるパテ専用の鍋で湯煎にかける。スチームコンベクションよりさらに火の入り方がおだやかになり、ジューの流出が最小限に抑えられる。焼き上げてからも、さらに冷蔵庫で約3週間熟成。こうして入念に仕上げられたパテは、皿の上でそこはかとなく色っぽい輝きを見せる。

プリフィクス・ランチ
（1900円〜）の前菜

豚肉と脂は焼く1週間前から、鶏レバーとハツは前日に準備をはじめる

Points importants

主材料	【豚肉】:【豚脂】:【鶏レバーとハツ】 3 : 1 : 2
塩	主材料の約1.8%
香辛料	黒こしょう、キャトルエピス
野菜と香草	にんにく、パセリ、玉ねぎ
アルコール	コニャック、マデラ酒
マリネ	豚肉・脂のみ1週間
火入れ	湯煎、150℃のガスオーブンで70～90分間
熟成	2、3週間

肉と脂は手切りして1週間マリネ

豚肉はうで肉（脂は切り除く）と、肩ロースやもも、ロースなどを掃除したときに出た端肉、骨のまわりの筋っぽい肉などを同割で使用。赤色の濃い部分が多いほど味がよくなる。硬い筋には旨みが多く含まれ、食感もよいのであえて除かないのがポイント。肉はすべて1.5㎝角に包丁で刻む。脂も掃除したとき出たものをストックしておいて使用し、5㎜角に包丁で刻む。肉と脂に塩、挽いた黒こしょう、キャトルエピス、グラニュー糖、にんにくをよく揉み込み、2～3℃の冷蔵庫で1週間マリネする。この間に味が芯まで入ってなじみ、ハムやソーセージに近いような熟成香が出てくる。

玉ねぎは加熱して風味を凝縮

薄切りにした玉ねぎをピュア・オリーブオイルでとろとろになるまでソテーし、冷やしておく。甘味と香りが隠し味。

レバーとハツは鮮度が肝心

レバーは半分に割って大きな血合いだけ取り除く。ハツは半分に切って血合いを除く。脂はおいしいので取らない。牛乳（分量外）に一晩漬けて血抜きをして、ザルに上げて水気を切っておく。

香りづけとつなぎの材料

左手前から、アルコールは芳醇な香りのコニャックとほのかな甘味を与えるマデラ酒、つなぎになる全卵、香草はオーソドックスにパセリのみ使用、牛乳には固さを調節する役目もある。

材料

長さ29.5㎝×幅8㎝×高さ6㎝のテリーヌ型2本分

- 岩中豚のうで肉＋もも、肩ロースなどの端肉、余り肉……1.5kg
- 岩中豚の脂……500g
- 塩……55g
- 黒こしょう……6g
- キャトルエピス……5g
- グラニュー糖……4g
- にんにく（みじん切り）……2片
- 川俣シャモのレバーとハツ……1kg
- パセリ（みじん切り）……40g
- 全卵……2個
- 玉ねぎソテー……200g
- 牛乳……100㎖
- コニャック、マデラ酒……各30㎖程度
- 豚の背脂……適宜
- ジュニエーヴル……適宜
- ローリエ……適宜

＊岩中豚は、数々の品評会で最優秀賞を獲得した岩手県産SPF特選銘柄豚。
＊川俣シャモは、福島県伊達郡川俣町特産の銘柄鶏。

半量の肉に全卵、玉ねぎ、内臓、牛乳の順で加えながら粘りのあるペースト状にする

1 マリネした肉の半量をフードプロセッサーに入れる。

2 軽く（10秒）まわす。

3 全卵を加え、全体に混じるまでまわす。

4 玉ねぎソテーを加え、玉ねぎが全体に混じるまでまわす。

5 まだ肉の粒が残った状態でレバーとハツの半量を加え、約10秒まわす。

6 全体が混じり合い、色がかなり赤くなった。

7 残りのレバーとハツを加え、約15秒まわす。

8 全体が粗いペースト状になっている。

9 牛乳を3回に分けて加えながら少しずつまわし、固さを調節する。ゼラチン質が多い肉なので、水分でゆるめて適度ななめらかさに調えるのがポイント。

10 全体が均一に混ざり合い、粘りが出ていたらOK。この時点でよい香りも立ってくる。

ペーストと挽いた肉を手で力いっぱい練り合わせ、十分に結着力を出す

1 マリネした肉の残りを粗挽き（8㎜、1度挽き）にしてボウルに入れ、パセリを加える。

2 ペーストを加える。

3 コニャックとマデラ酒を加える。

4 まず、手で握っては粒をつぶすように混ぜ合わせていく。

5 全体がおおかた混ざったら、スピードアップして勢いよく力いっぱい練り混ぜる。

6 もたもたしていると脂が溶け出すので、素早く全身の力をこめて作業する。

7 結着力が上がって重くなり、粘りが出たら混ぜ終わり。練り混ぜている間に余分な空気も抜けているはずだ。

型に詰める
脂肪分を補う役目がある脂も質にこだわり、岩中豚で統一

1 背脂を型に敷き詰めて、余分は外にたらしておく。背脂には火の当たりを柔らかくすると同時に、外側から脂分を補う役割もあるので品質にこだわり、市販品は使わずに岩中豚のロース肉を掃除したときに出たものをストックしておき、利用している。

2 ファルスをレードルですくっては型に詰めていく。強く練ることで空洞が消えているので、特に強くは押さえつけない。

3 全部詰めたら、ゴムべらで表面を押しならす。

4 ジュニエーヴルをまんべんなく散らす。

5 ローリエを一列並べる。

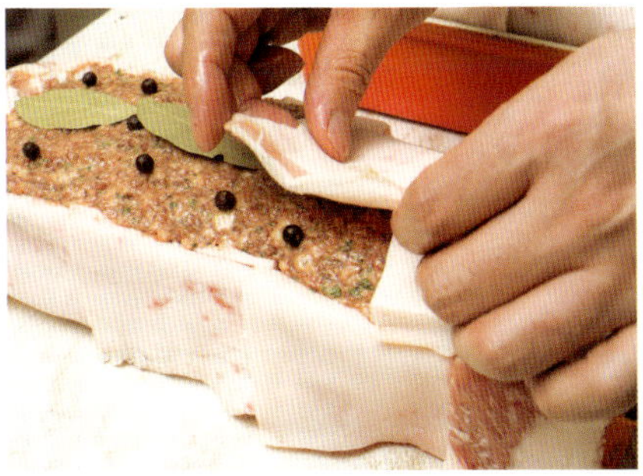

6 たらしていた背脂でていねいに蓋をすること。

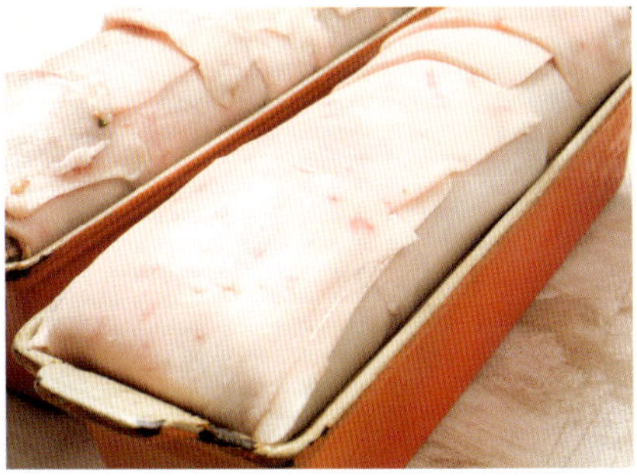

7 隙間ができないようぴったりと閉じること。

8 テリーヌ型の蓋をのせる。浮き上がっていても構わない。

焼成は150℃のオーブンで70分以上
湯煎時に型の底を浮かせ、
火の当たりをよりやわらげる

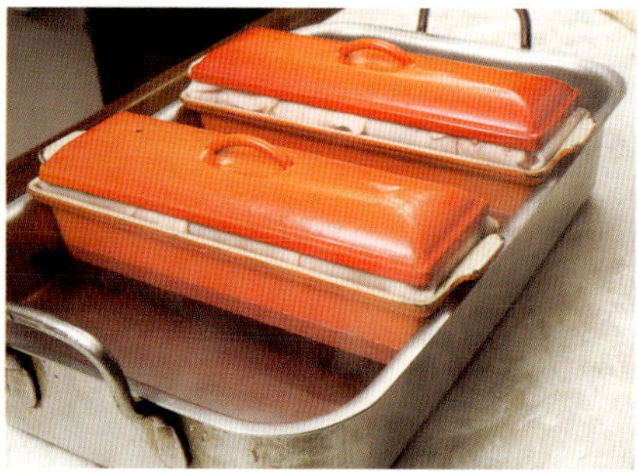

1 木下シェフは、テリーヌ型の取っ手がひっかかり、底が浮いた状態になる角鍋を専用に使う。重量が5kg以上もある厚手で、型のどこも鍋に直接当たらないので、スチームコンベクションより火の当たりが柔らかい。型の半分以上が浸かるよう湯を入れる。

2 150℃のガスオーブンに入れる。途中、35分で前後を入れ替える。スチームコンベクション導入を検討したこともあるが、やはり昔ながらのガスオーブンのほうがおいしく焼き上がるというのが結論。

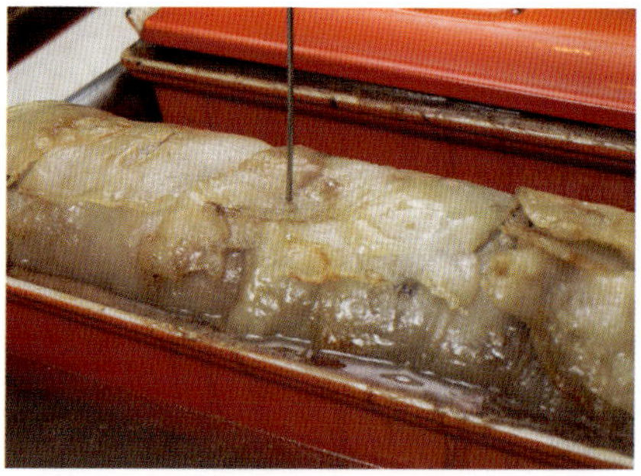

3 70分で金串を中心の真ん中に刺して、芯温をチェックする。

4 くちびるに当てて、ぬるかったらオーブンに戻してさらに焼く。熱いくらいなら火が入っている。

5 オーブンから取り出して常温でしばらくおく。芯温計は使わないので数値化はしていないが、オーブンから出したときの状態によっては、湯煎につけたまま余熱で火を入れることもある。ただし、火を入れすぎると色も食感も悪くなるので注意。

6 芯温を再びチェックし、下がっていたら型を氷水に浸ける。じわじわ冷ますと色が白っぽくなってしまい、急冷することによって赤いままを保つ。

7 氷が全部溶けて、全体が冷えたら型を出し、軽く重しをのせて、冷蔵庫で一晩冷やす。押しつぶしすぎるとジューが出て、なめらかでなくなってしまうので、重しは2～3kgで十分。

自家製ピクルス

材料

漬け汁
- 水 …… 1.2ℓ
- 白ワイン …… 600mℓ
- 白ワインヴィネガー …… 500mℓ
- 塩、グラニュー糖 …… 各60g
- エストラゴン、ディル …… 各10本
- にんにく …… 6片
- 黒粒こしょう …… 30粒
- 八角 …… 8個
- クローブ …… 8本
- 鷹の爪 …… 3本
- ローリエ …… 1枚
- コリアンダーシード …… 30粒

にんじん、大根、パプリカ、エリンギ、きゅうり、セロリなど …… 各適宜

作り方

1 漬け汁の全部の材料を鍋に入れて火にかける。

2 塩とグラニュー糖が溶けたら野菜を火が入りづらいものから入れていく。

3 常温で冷まし、冷蔵庫で保存する。

ラードで密閉して2、3週間熟成させ本格的なおいしさに達してから提供

1 一晩冷やしたパテの表面に柔らかくしたラードを厚く塗って、完全に空気を遮断する。さらにラップで厳重に密閉した状態で、1～2℃の冷蔵庫で保存する。

2 2、3日後から食べられるが、本格的なおいしさが生まれるのは2、3週間熟成させてから。5週間はピークを保つ。使うぶんのラードを取り除く。

3 1人前2㎝くらいにカットし、型から取り出してラードと背脂を除き、皿に盛る。

肉らしい味と、ときどき筋とゼラチン質を舌に感じながら、なめらかな食感と、レバーの香りもしっかり楽しめる。つけ合わせは自家製ピクルスとサラダですっきりと。

立ち上る熟成香と、ほとばしる肉の旨み
1か月間寝かせてなお、しっとりとみずみずしい

「コムアラメゾン」 涌井勇二

フランスの田舎では秋の終わりに村人が総出で豚一頭をつぶし、頭から足先まで、内臓や血液も余すことなく使い尽くして生ハムやソーセージ、リエットやパテなどを作り、厳しい冬に備える伝統がある。

南西フランスで暮らし、アルマニャック地方でこの「豚祭り」に参加するという貴重な体験をした涌井シェフだから、以前は現地で覚えたルセットを踏襲し、豚レバーに豚血まで加えて豚の風味を立たせていたが、いまは鶏レバーを使う。

毎年のようにガスコーニュやボルドー、ランドなど南西地方を旅し、「店を選ぶ基準はパテ」というほどのパテ好き。だが、それぞれの店の個性は楽しみながらも、理想の味にはなかなか出会えず、「どうしたらもっとおいしいパテが作れるのか?」という探究心がますます強くなっていった。

涌井シェフにとって料理作りとは、一期一会。長年作り続けている料理でも、材料は毎日違うから、下ごしらえから完成まで、すべての工程の一瞬たりとも前日の繰り返しではありえない。

パテも同様で、まず材料の計量を行わない。そのつど変わる肉質や脂の量を見ながら、感覚で塩やスパイス、副材料を加えていくという徹底したアナログ式だ。当然、タイマーも芯温計も置いていない。今回は無理をお願いして分量だけは出していただいたが、あくまで目安と考えてほしい。

「今日のパテが最高のパテと念じて20年作っていますが、毎回不安です。自分の中で成功と思えるのは、1年に1本くらいかもしれません」

パテ作りの難しさを謙虚に語る涌井シェフが全行程を通じ、大切にしているのは「旨みを逃さないこと」。鶏レバーに変えたのも、全体の旨みを向上させるのが目的だった。また、ファルスには水分を限界まで加えるのが特徴である。そのため練ってつなぐ作業の難易度は高くなるが、非常にしっとりなめらかな食感に仕上がり、きちんと火が入っているのに生肉のようなみずみずしさを舌に感じさせる。

熟成期間は最低でも2週間、理想的には4週間。ラードで空気を遮断すれば2か月程度は変化しない。提供前日に型から出し、網脂をあぶって香ばしく焦がす。目の前に出された瞬間、なんともいえない芳香が立ち上り、頬ばれば旨みに富んだ肉汁が口中を満たしてくれる。

田舎風テリーヌ

1400円

肉の状態に合わせて塩、香辛料、アルコールの量を加減し、24時間マリネする

Points importants

主材料	豚肩ロース肉：豚のど肉：鶏レバーとハツ
塩	適量
香辛料	黒こしょう、キャトルエピス、ピマン・デスペレット
野菜と香草	玉ねぎ、エシャロット、にんにく、パセリ、タイム
アルコール	アルマニャック、ルビーポルト酒
マリネ	24時間
火入れ	湯煎、180℃のガスオーブンに入れ、
	すぐ100℃に落として約90分間
熟成	2週間以上

アルコールは量、質とも惜しみなく使う

アルマニャック（右）は食後酒として用意している上等な銘柄を使用。いい酒でマリネすると、出来上がりの芳醇さが全然違う。ルビーポルト酒はなんとカップ1杯以上も入る。この水分量の多さが、しっとり感を生む。

定番のキャトルエピスに南西フランスらしい香りを足す

手前のキャトルエピスは、パテ・ド・カンパーニュには欠かせない材料。ここに、独特の甘い香りとピリッとした辛みを持つピマン・デスペレット（バスク地方特産の唐辛子パウダー）を加え、南西部らしさを出す。

材料

長さ29.5cm×幅8cm×高さ6cmのテリーヌ型2本分

豚肩ロース肉	1.8〜2kg
豚のど肉	200〜400g
鶏レバーとハツ	約500g
塩	適宜
黒こしょう	適宜
キャトルエピス	少々
ピマン・デスペレット	少々
ルビーポルト酒	約200〜250mℓ
アルマニャック	約50mℓ
玉ねぎ（薄切り）	150〜200g
エシャロット（薄切り）	20〜50g
にんにく（薄切り）	10〜30g
タイム	8本
パセリ（みじん切り）	大さじ1
全卵	4個
豚の網脂、オリーブオイル	各適宜

切った肉2種とレバー、ハツに1日かけて風味をしみ込ませる

肩ロースは脂を切りはずし、3cm角に切る。のど肉は1cm角に切る。脂と筋が多く、旨みが濃いのど肉を合わせることによって、味に奥行きが出る。レバーは筋を軽く取り、ハツは半分に切って中の血を除き、脂は軽く取るだけ。血抜きはしない。それぞれ塩、こしょう、キャトルエピス、ピマン・デスペレット、ルビーポルト酒、アルマニャック、玉ねぎ、エシャロット、にんにく、タイムを手で揉み込み、バットに部位ごとに分けて並べ、ラップを上にぴったりと張りつけて冷蔵庫で24時間マリネしておく。左半分が肩ロース肉、右上が取りはずした脂、その左がハツ、真ん中がレバー、右下がのど肉。豚肉は毎回、水気の具合や脂の量が違うので、アルコールと塩、香辛料で状態に合わせて調整している。

ザルに上げ、手で押して絞り出しながら時間をかけて水気を切る

1　24時間マリネした材料からタイムと脂を取り分ける。タイムは焼くときに再利用する。

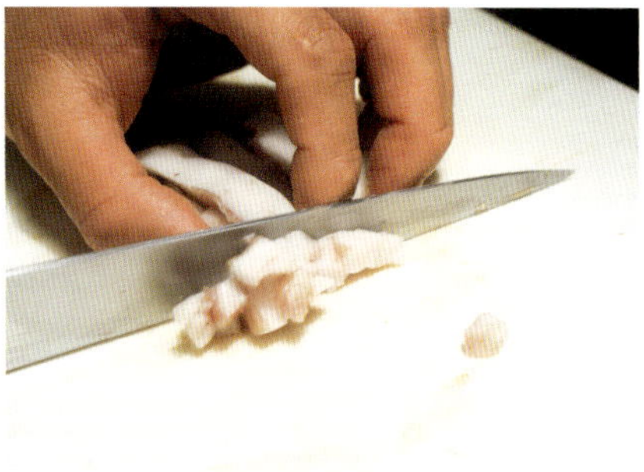

2　脂は1㎝角程度に刻む。

3　肩ロース肉、のど肉、レバーとハツをザルに分けて上げ、水気を切る。

4　ときどき上から押して水気をしっかり絞り出しながら、約1時間かけて完全に水気を切る。下のボウルにたまった水分は練るときに使う。

肩ロース、レバーとハツ、のど肉の順番にミンチ機で粗挽きにする

1　使用するミンチ機の刃は約8㎜、粗挽きにする。

2　肩ロース肉から挽きはじめる。

3　次にレバーとハツを挽く。

4　筋が多いのど肉は最後に挽く。

冷やしながら力強く練る
肉の結着力を引き出して
脂とアルコールの水分を完璧につなぐ

4 かなり結着力が出てきた。こうなってから卵を入れる。

1 氷水を入れたボウルにすべり止め用の布を敷き、挽いた肉を入れたボウルをのせ、パセリと刻んだ脂を加える。

2 手で握るようにつぶしながら混ぜはじめる。

6 卵が全部入った状態。全体が白っぽくなり粘りが出てきた。

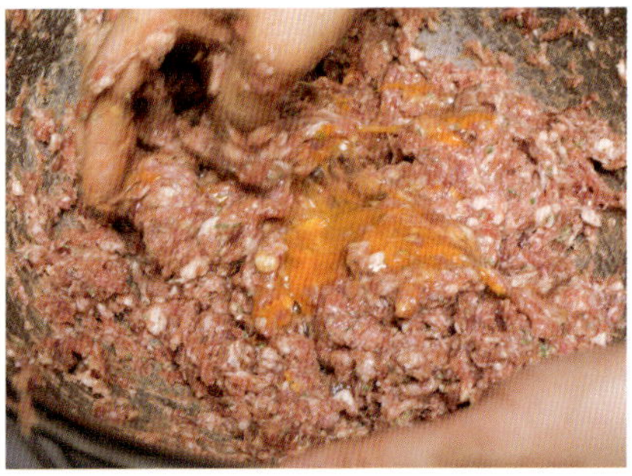

5 卵を1個ずつ加えながら、さらに練り続ける。

3 手の熱で温まると脂が分離してしまうので素早く力強く練る。

1日休ませ、100℃で約90分間焼く
重しをせずに肉汁を守り、
冷蔵庫で長期熟成

1 テリーヌ型の内側にオリーブオイルを塗り、網脂をぴったりと張りつけて余分は外にたらしておく。

2 ファルスを少しずつ、型に叩きつけて上から押し、空気を抜いては詰めていく。

3 全部詰めたらゴムべらで表面をならし、網脂で蓋をする。網脂も食べてもらうので余分がないようハサミでカットしながら丁寧に閉じる。

7 マリネ時の液体を少しずつ加えながらさらに練る。

8 全体がしっかりつながった状態になったら混ぜ終わり。

9 少量を電子レンジで加熱してから味見し、必要なら塩、こしょう、アルマニャックなどを足して調整する。

4 取り置いたタイムを並べる。この状態でラップをして、冷蔵庫で24時間休ませてファルスを落ち着かせる。

5 ラップをはずし、アルミ箔で密閉し、布を敷いたバットにのせて熱湯を張る。

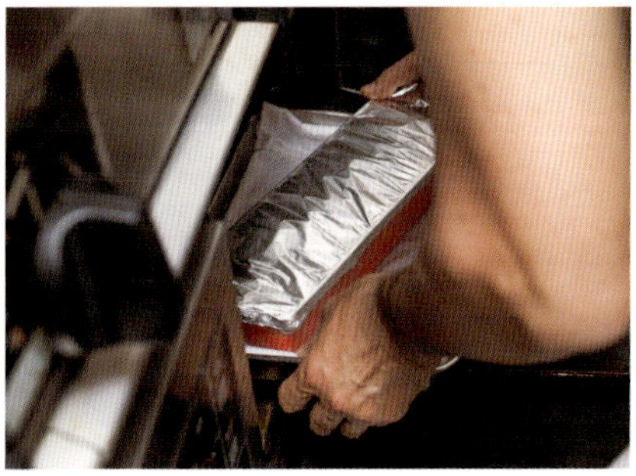

6 180℃に予熱しておいたオーブンに入れ、すぐに100℃に下げて、途中で何度か前後を入れ替えながら約90分焼く。最初の高温で表面を固め、低温でじわじわ火を入れていくことで肉汁を逃さない。

7 金串や芯温計を刺すとそこから肉汁が流れ出てしまうので、指で押して焼けているか確認。跳ね返すような弾力があるのが目安。取り出して常温で冷ます。ジューが出ないよう、重しはしない。完全に熱が取れたら型をラップとアルミ箔で密閉し、冷蔵庫で熟成させる。

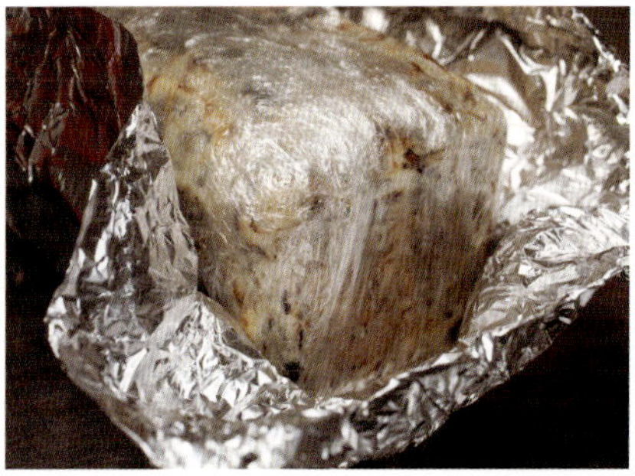

8 使う前日に型から抜き、表面の網脂全体をバーナーであぶって香ばしい焼き色をつけ、再びラップで包んで冷蔵庫で冷やしておく。

ほれぼれするような厚切りに
カマルグの塩と黒こしょうを挽きかけ、
山盛りのコルニッションを添える。
これだけで完成された味を目指しているので
マスタードは添えない。
最上のしっとり感は、
肉が吸わなくなる限界ぎりぎりまで
加えた水分量に由来する。

地道に仕込み、スタイリッシュに仕上げる キレ味としっとり感の要は白ワイン

「ル・ボーズ」 青木健晃

まるでプティ・ガトーのようにスタイリッシュ。一見すると今風の「進化形パテカン」だと思えてしまうが、実は昔気質の細かな仕事をいくつも積み上げた、たいへんに真面目で実直なパテ・ド・カンパーニュなのである。

当初は普通にスライスして提供していた青木シェフだが、ふと形を変えてみようと縦に細長く切ってみると、丸裸でなんともメリハリがない。ならば、とケシの実を上にふってみたところ、プチプチした食感がアクセントにもなって悪くなかった。ピンクペッパーとシブレットで赤と緑を足すと、見違えるように華やかに変身した。

切り方ひとつでこれほど印象が変わるものかと目からうろこが落ちるが、飾り気のない人柄の青木シェフはいま、華やかな姿と味との相性に自問中なのである。

「長年作り続けている料理だけに毎回、悩みます。マイナーチェンジを繰り返し、あるときは迷走したり。材料、細かな工程の両方が完璧だったと満足できることは滅多にありません。料理の難しさを実感させるのが、パテ・ド・カンパーニュです」

とくに気を使うのは、火入れ。しっかりと火が入っていて、なおかつしっとりとさせたいが、「ねっとりして生っぽい」のはNGである。焼成温度と時間をいろいろ試した結果、現在は１３０℃で80分に落ち着いている。

しっとり感の要になる水分は、白ワインを採用。ポルト酒やコニャックは旨みを増すが、反面もったりしてしまう。青木シェフが求めるキレ感には、白ワインが最適だ。

また、豚肉は繊維が入り組んでいるためやや固いが味が濃いうで肉と、脂肪を5割程度含むのど肉を組み合わせて使い、全体の赤身と脂の割合が7対3から6対4の範囲内に収まるよう、うで肉についている脂で調整する。

3種の油とシェリーヴィネガー、ごく少量のエシャロットであえたキャロット・ラペは、ほぼこのパテ専用のつけ合わせ。美しいオレンジの色合いと上品な味わいで、二重にパテを引き立てる。

パテ・ド・カンパーニュ

1280円

肉とレバーを切り、野菜はじっくり炒めて風味を引き出す

Points importants

主材料	【豚うで肉】:【豚のど肉】:【鶏レバー】 1 : 1 : 0.7
塩	主材料の1.4%
香辛料	黒こしょう
野菜と香草	玉ねぎ、にんにく、パセリ
アルコール	白ワイン
マリネ	しない
火入れ	湯煎、130℃のコンベクションオーブンで約80分間
熟成	最低3日、できれば1週間

うで肉で全体の脂肪量を調整

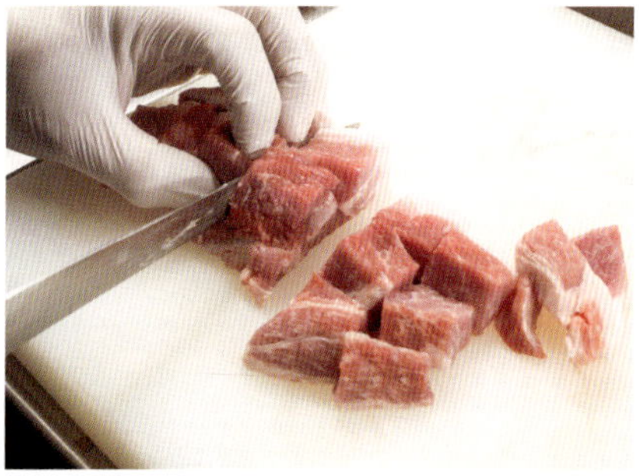

豚総量2000gのうち、のど肉が含む脂肪は500gとして、脂の総量が600〜800gになるよう、状態をよく見て脂が多かったら削り取り、2㎝角に切る。

のど肉はそのまま角切り

のど肉は通常、50〜60%が脂肪分。脂を取らずに2㎝角に切る。

材料
長さ29.5㎝×幅8㎝×高さ6㎝のテリーヌ型2本分

豚うで肉	1000g
豚のど肉	1000g
鶏レバー	700g
玉ねぎ	3個
にんにく	2片
ピュア・オリーブオイル	適宜
塩	37.8g
グラニュー糖	ひとつまみ
白ワイン	300㎖
黒粒こしょう（粗く砕く）	ひとつかみ
パセリ（みじん切り）	ひとつかみ
豚の網脂	適宜

レバーは筋を軽く掃除する

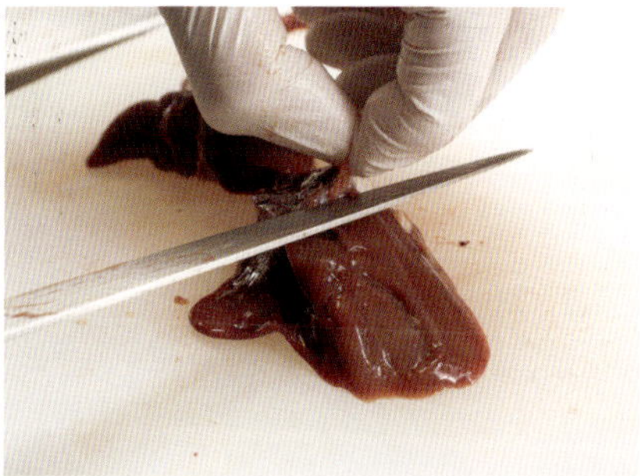

血をペーパータオルなどで吸い取り、真ん中の白い筋を切り取る。鶏専門店の鮮度抜群のレバーを使うので臭みがいっさいなく、血抜きはしない。

玉ねぎとにんにくの風味を凝縮

みじん切りの玉ねぎ、にんにくをオリーブオイルで30〜40分炒め、冷ましておく。パテの旨み、しっとり感を補強する材料となる。

副材料はシンプルな構成

塩は伯方の焼き塩を使用。グラニュー糖は若干量加えると発色がよくなる。パセリは葉をみじん切り、白ワインは辛口、黒粒こしょうは粗く砕いてミニョネットにする。

肉とレバーを交互に粗挽きにし、混ぜて計量

1 ケンミックスのミンサー機能で直径8㎜の刃で挽く。断ち切った繊維の食感、肉の粒々感が楽しめる粗挽きにする。

2 肉2種類とレバーは分けてバットに並べておく。

3 あとで混ざりやすいよう、うで肉、のど肉、レバーを交互に入れて挽いていく。

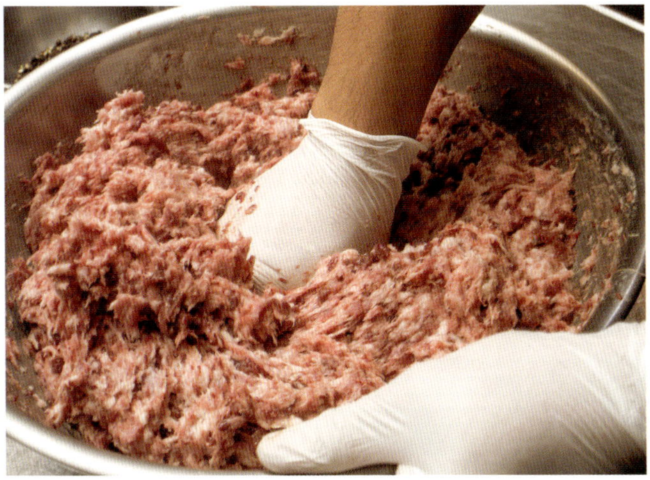

4 3種類をまんべんなく混ぜ合わせる。

5 塩の量を出すため、この段階で計量する。本日は3.1kgなので塩は43g使用。

粘りが出たら白ワインを加える水分量は状態を見て調節

1 挽いた肉をミキシングボウルに入れ、塩とグラニュー糖を加え、中速、ビーターで練りはじめる。

2 粘りが出たら白ワインを少しずつ加える。肉の水分量によるので状態を見ながら勘を働かせて増減する。

3 かなりの粘りが出るまで、さらにまわす。

4 黒粒こしょうを加える。

5 パセリも加える。

6 黒粒こしょうとパセリが全体に散るまで軽く練る。

7 最後に炒めた玉ねぎとにんにくを加えてまんべんなく練り合わせたら混ぜ終わり。

8 バットに広げ、ラップで密封して冷蔵庫で一晩休ませる。味がなじみ、焼いたとき肉汁が出づらくなる。

130℃の低温で しっとり焼き上げ 3日以上寝かせる

1 白くなるまで水にさらし、よく水気を絞った網脂を型に敷き込み、余分はまわりにたらしておく。網脂は破れがなく、あまり厚くない部分を選んで使う。

2 ファルスをハンバーグのように丸めて空気を抜き、型に叩きつけながら少しずつ詰めていく。

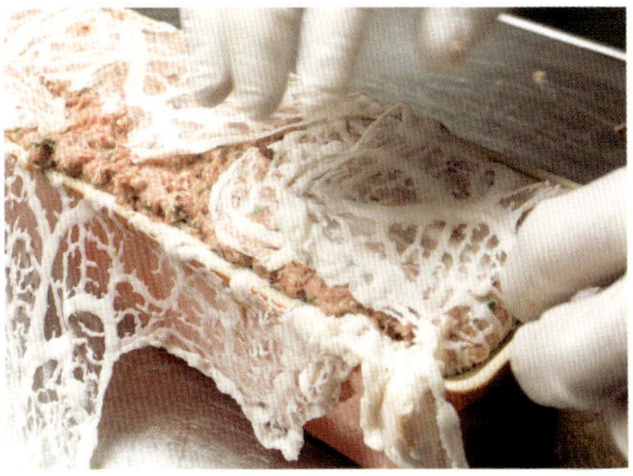

3 上をならし、押して空気を抜き、網脂で蓋をする。破れないよう気をつけて、ぴったり全面をカバーし、余分は切り取る。

4 表面をきれいにならし、台に何度か叩きつけて空気を抜く。

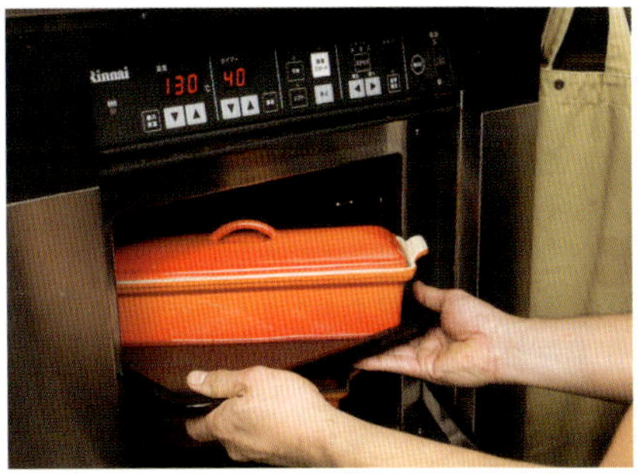

5 型に蓋をして天板にのせ、湯を張って130℃のコンベクションオーブンに入れる。途中、焼きむらを防ぐため何度か天板の前後を入れ替えながら約80分間焼く。

6 中心に金串を刺して芯温を確認。少し熱いと感じたら火が通っているので取り出し、常温でさます。

7 粗熱が取れたら重しをする。まず、型のサイズに切ってラップを巻いた発泡スチロールを上にのせる。

8 最初は小さめの鉄鍋1個、約40分後にもう1個増やす。常温に冷めたら重しをはずし、ジューを切り、氷水を張ったバットに入れる。完全に冷えたら冷蔵庫に入れる。

9 きっちりと締まったら、一度溶かしてから攪拌したラードを上に敷き詰め、冷蔵庫で3日以上寝かせる。ラードは溶かすだけでなく泡立てるとよく密着する。

型から取り出して縦にカット
白と黒のケシの実で表面を覆う

1 ラードの真ん中に切れ目を入れてはがす。

2 型とパテの間にナイフを入れて出しやすくする。

3 パテの真ん中にもナイフを入れ、型から出す。

4 厚みを半分に切る。

5 両サイドは切り落とす。

6 1人前約2cmにカットする。

7 網脂をはがす。

8 黒ケシの実、白ケシの実を表面に隙間がなくなるまでまぶし、ピンクペッパーを並べ、シブレットをふる。

パテ・ド・カンパーニュの既成概念を
くつがえすプレゼンテーション。
できれば1週間は寝かせたいが、
人気メニューなので
それまでに売り切れてしまうことも多い。
ラードで密閉した状態で切らなければ
3週間から1か月はおいしさのピークは続く。

キャロット・ラペ

材料

にんじん……適宜
塩……適宜
シェリーヴィネガー……適宜
エクストラ・バージン・
オリーブオイル……適宜
くるみ油……適宜
グレープシードオイル……適宜
エシャロット(みじん切り)……少々

作り方

1 にんじんをマンドリーヌで細めのせん切りサイズにすりおろす。
2 軽く塩をして、15分くらいおいておく。
3 しんなりしたら軽く揉み、甘味を出す。
4 軽く水気を絞り、味を見ながらシェリーヴィネガー、オリーブオイル、くるみ油、グレープシードオイルであえ、エシャロットを混ぜ合わせる。

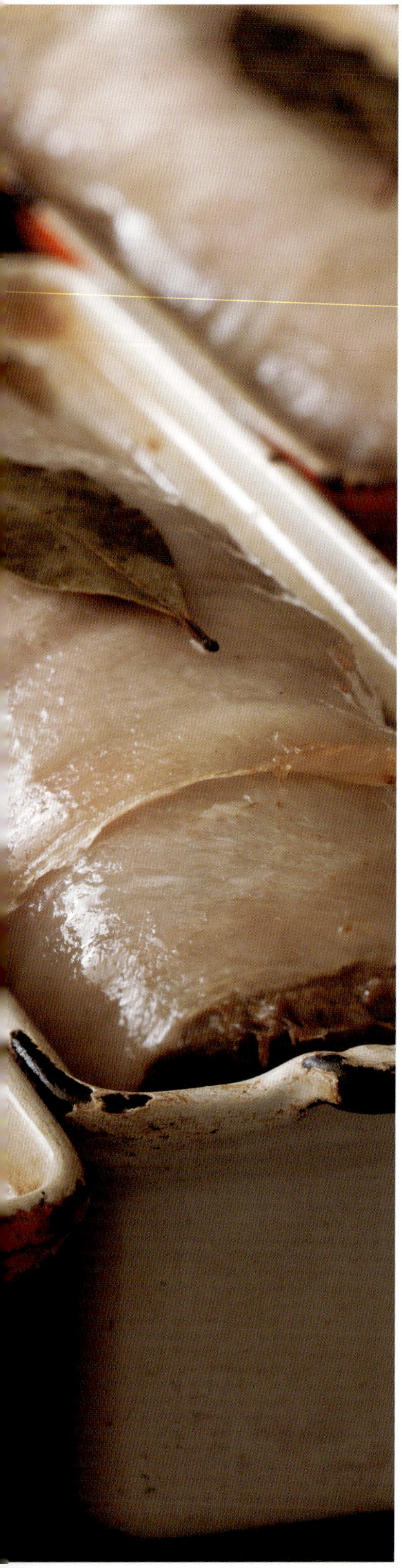

衝撃の味の記憶から辿り着いた最大公約数の「食べやすさ」

「レストランオギノ」 荻野伸也

大きなキャセロールのままドンと出して「お好きなだけ」食べてもらうという大胆なスタイルと、いち早く手がけたインターネット通販、総菜店でのカット販売。パテ・ド・カンパーニュの名を全国区にした功労者が荻野シェフであることに、異論を挟む人は少ないだろう。

独立開店する前に決行したフランス一周の旅で、美食の街リヨンのシャルキュトリーで買ったパテ・ド・カンパーニュのおいしさに雷に打たれたような衝撃を受けたことから、このスペシャリテが誕生した。

ルセットが完成するまでの細かい経緯と、その後の展開は100ページのインタビューで詳しく紹介しているが、荻野シェフの功績はリヨンの味を忠実に再現するのではなく、肉とレバーが渾然一体となったおいしさはそのままに、日本人が食べやすい味に更新したことにある。

何より大きいのは、レバーを豚から鶏に変えたこと。また、しっとりした食感と旨みを補強するために、野菜は完全に加熱して煮詰めたペースト状で加える。野菜を生のまま練り込んだ場合に起きやすい変色、劣化も完璧に防げる。

使用する豚の部位は、もも肉。脂と赤身にきっちり分けて、それぞれ計量する方法をとっている。一般にパテにはのど肉やバラ肉が使われることが多いが、一度に焼く量が18本、多いときは25本分を一度に仕込むため、1、2本作るときは気にならない個体差による赤身と脂の比率の違いが、大きな誤差になって現れてしまう。赤身、脂、レバーの比率を正確に守るのが、安定の原則だという。

口溶けなめらかで、クセがまったくなく、食べやすい。この味は、いまのパテ・ド・カンパーニュの標準値だといってよいだろう。

・・● パテ・ド・カンパーニュ ●・・

「お好きなだけ」1000円
「一口だけ」300円

Points importants

主材料	【豚もも肉】13:【鶏レバーとハツ】11:【豚の背脂】7
塩	総重量の約1.6%
香辛料	白こしょう、ナツメグ、キャトルエピス
野菜と香草	玉ねぎ、にんにく、シャンピニョン、パセリ
アルコール	赤ワイン
マリネ	しない
火入れ	103℃、蒸気50%のスチームコンベクション
	オーブンで芯温68℃に
熟成	しない

品質、供給とも安定している
国産豚もも肉を使用
正確な計量が安定への大原則

材料

長さ29.5cm×幅8cm×高さ6cmの
テリーヌ型18本分（カッコ内は3本分）

豚もも肉	7800g（1300g）
鶏レバーとハツ	6600g（1100g）
豚の背脂	4200g（700g）
赤ワイン	420mℓ（70mℓ）
レデュクション	1200g（200g）
全卵	24個（4個）
塩	360g（60g）
白こしょう	42g（7g）
ナツメグ	12g（2g）
キャトルエピス	6g（1g）
背脂シート	6枚（1枚）
ローリエ	18枚（3枚）

豚もも肉は
赤身だけ使う

もも肉から脂と筋を丁寧に取り除き、赤身だけにして適当なブロックに切り分ける。脂はパテの背脂の一部として使う。筋はこのパテには使わない。

レバーとハツは
ざっと水気を切る

宮城県産のレバーとハツを使用している。鮮度抜群なので血抜きは不要、血合いと筋、脂も取らず、ザルに上げて水気を切る程度で十分。

背脂は
大きいまま挽く

ロース、もも肉などを掃除したときの脂を無駄なく利用し、購入した背脂も使う。

赤ワインは
そのまま加える

フランスの教科書ではレデュクションに加え、煮詰めて加える方法だったが、香りを生かすため、そのまま加える。

塩と香辛料は
計量してまとめておく

塩は1本分で20g使用。挽いた白こしょう、ナツメグ、キャトルエピスと一緒にまとめておく。

材料はすべてよく冷やし、レバーとハツ、脂、肉の順番で挽く

1 ミンチ機の刃は直径5㎜、水分量の多いレバーとハツから挽いてミキシングボウルに入れる。

2 次に脂を挽く。筋がないのですいすいとスムーズに刃を通る。

3 最後にもも肉を挽く。挽肉機はイタリア・オメガ社製を使用している。

全卵は割っておく

つなぎとして加えるのは卵だけ。1個ずつ割って、まとめておく。

食感をなめらかにするレデュクション

食感と旨みを向上させ、肉の風味に奥行きを出す重要な副材料。加える量は、肉総量の6.5％程度。野菜に完全に火を通し、ペースト状にして加えることで、保存中の変色と劣化も防げる。

レデュクション

材料

玉ねぎ	9個
にんにく	600g
ピュア・オリーブオイル	大さじ3
シャンピニョン	600g
牛乳	1080㎖
パセリ	300g

作り方

1 薄切りにした玉ねぎ、皮をむいたにんにくをオリーブオイルで炒める。
2 しんなりして軽く火が通ったら、シャンピニョンを丸ごと加えてさらに炒める。
3 牛乳を加え、約3時間煮る。
4 パセリの葉を加え、さらに30分煮込む。
5 ミキサーにかけてペースト状にする。
6 冷やして保存する。

フックでミキシングし、粘りを出してつなぐ

1 挽いた肉類に赤ワインを加える。

2 よく冷やしておいたレデュクションを加える。

3 全卵を一気に加える。

4 塩と香辛料を加える。

5 フックをつけたミキサーの低速でまわす。

6 卵がつぶれて全体がある程度なじんだら2速に上げる。

7 混ぜはじめの状態。まだ全体が赤い。

8 3〜5分間ミキシングし、粘りとまとまりが出てきたら、最後に3速で1分混ぜる。

9 混ぜ終わり。かなり白っぽくなり、糸を引くくらいの粘りが出た。

背脂を敷いた型に詰めて空気をきっちり抜く

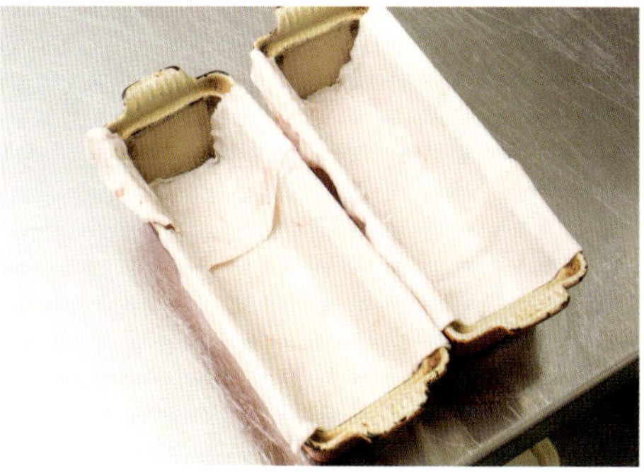

1 ごく薄手にスライスされた背脂のシートを型に敷き、余分を左右にたらしておく。

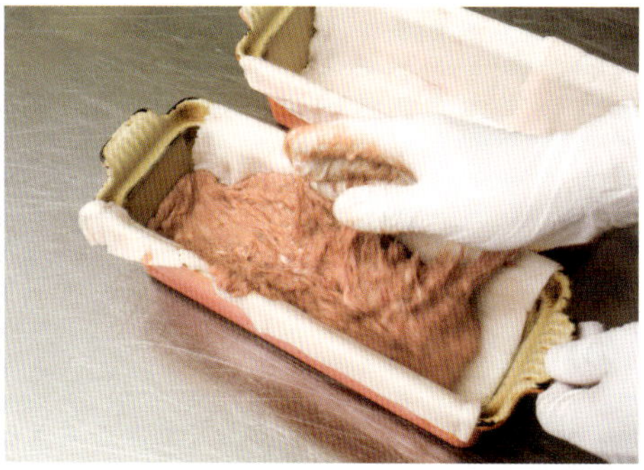

2 空気が抜けるようファルスを型に叩きつけるように詰めていく。

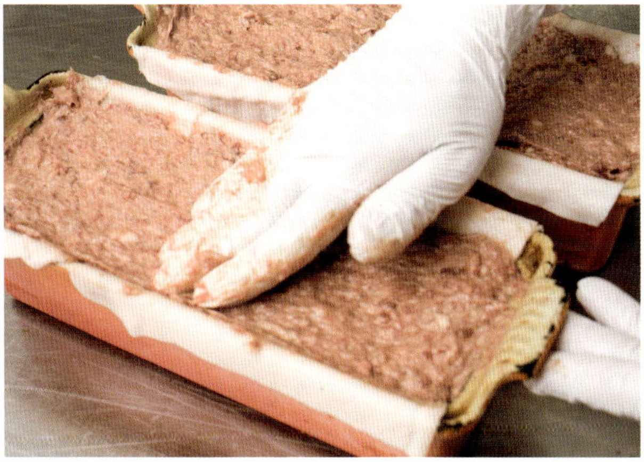

3 上をすり切り、表面を平らにならす。

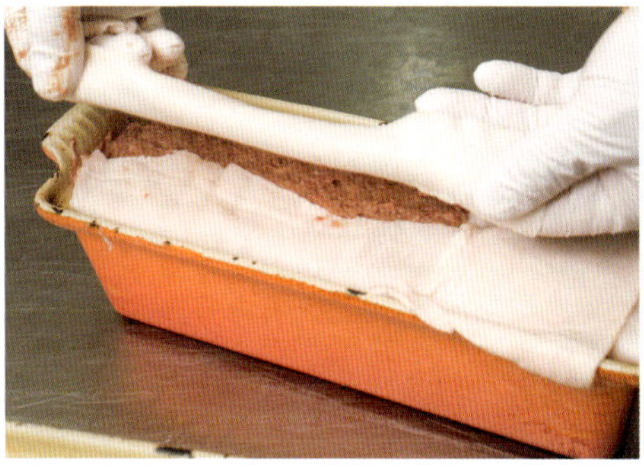

4 シートでしっかり包み込み、上から叩いて空気を抜く。

5 ローリエを1枚のせて、ラップで密閉する。

スチームコンベクションで しっとり蒸し上げ、急冷する

オンラインショップでは½本（約500g）を送料込み4968円で販売。「ターブル・オギノ」では約100gのスライス1枚が590円。父の日にはソーセージやハムと組み合わせた「大黒柱セット」が大人気だそう。

ピクルス用 マリナードの材料

材料

水	1000mℓ
白ワインヴィネガー	1200mℓ
コリアンダーシード	30g
白粒こしょう	30g
グラニュー糖	400g
塩	適宜

「アトリエ・オギノ」の製造部チーフ、大場雄介さん。荻野シェフの右腕として、1日最低でも50本のパテ・ド・カンパーニュを焼く。平均して1か月に5000kgの豚もも肉、クリスマスのピーク時にはその2.5倍も使うという。

1 焼成は103℃、蒸気50％のスチームコンベクションで約90分。ガスオーブンなら湯煎にかけ、220℃で60～80分焼く。

2 芯温68℃に上がったら取り出す。

3 おだやかに火が入り、しっとり仕上がった状態。オーブンから出して常温で冷ます。

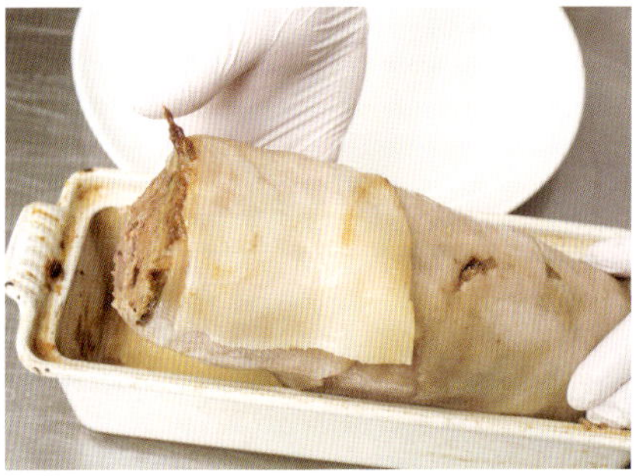

4 冷めたら型から取り出し、－20℃で急冷し、完全に冷えたら真空パックにかける。熟成はさせない。

レバーの比率が多く、肉の旨みも濃いのにクセがなく、
しっとりなめらかでやさしい口当たりが万人に好まれる。
自家製ピクルスとマスタードを添えると、さらにさっぱり。

パテ・ド・カンパーニュの先駆者
酒井一之シェフに学ぶ
基本のルセット

アレンジの幅を広げるためには、基本を知っておくのはとても重要だ。豚のど肉、豚レバーが主体のスタンダードな作り方を重鎮シェフが解説する。

「カンパーニュ、すなわち田舎風のパテで、フランス中のあまねく田舎や都市でも作られる、いちばん基本的なパテである。シャルキュトリーでも必ず売られているし、家庭でも作る。作り方もとても簡単だ。

各地方や個人によって若干違うところがあるが、共通しているのは豚ののど肉とレバーをベースに使うことで、のどの脂肪を入れて脂っぽく柔らかくしたり、腹身肉を入れてそうでなくしたりするのは好みになる」

以上は1987年刊行の『地方の皿』（シェフ・シリーズ22号）における解説。そのときの配合は、ファルスのベースが豚のど肉、豚の腹脂、豚レバー各1キロ。それに加えるのが、大きめに刻んだ豚レバー、鶏レバー、豚の背脂各200グラムだった。

80年の「ヴァンセーヌ」開店当初から提供していた酒井シェフは、日本で最初にパテ・ド・カンパーニュを定番化した料理人だといえるだろう。

60年代後半から70年代をフランスで暮らし、料理と並行してシャルキャトリーの仕事を勉強した酒井シェフのパテは、フランスの標準的な製法に基づいている。フランスでポピュラーな専用ミックス・スパイスを使うと断然「らしい味」になるが、入手が難しいので通常のスパイスで代用することができる。

ファルスは豚のど肉、豚レバーを主体に、バラ肉を加えて肉と脂の比率を1対1程度に調節する。のど肉は脂肪の含有率が50〜60％と高く、結着剤を使わなくても自然な粘りが出るので、シャルキュトリーではとくに重要とされる部位である。

現在、日本では鶏レバーで作られることが多く、酒井シェフも前述の配合のように一時期は鶏レバーを取り入れ、レシピを本や雑誌でたびたび紹介したが、固くなりやすいのと変色が早いため、いつしか豚レバーに戻った。「豚レバーのほうが柔らかな食感に仕上がり、よりおいしい」が結論である。

現在、十人十色のこだわりが花開いているパテ・ド・カンパーニュだが、ベーシックでスタンダードな酒井シェフのやり方を学ぶことで、アレンジの幅はさらに広がるだろう。

パリのマルシェに並ぶパテとテリーヌ類。1キロが2300〜2500円と値段も手頃だ。

Sakai Kazuyuki

1942年生まれ。「パレスホテル」を経て66年渡欧。「ホテル・ムーリス」で腕を磨き、「ホテル・メリディアン・パリ」副料理長に就任。80年に帰国し、「ヴァンセーヌ」「ビストロ・パラザ」「學士会館」料理長を歴任するかたわら、クラブ・デ・トラント事務局長などをつとめ業界の発展に大きく貢献。現在はフードコーディネーター協会常任理事として各地での講演活動などで活躍中。

PHOTO KUROBE TOHRU

パテ・ド・カンパーニュ

材料

直径約20㎝のキャセロール１台分

ファルスのベース	
豚のど肉	600g
豚バラ肉	400g
ベーコン	200g
豚レバー	400g
マリネ用材料	
オールスパイス	4g
黒こしょう	2g
塩	21g
ローリエ	1～2枚
コニャック、マデラ酒	各適宜
硝石	0.3g
玉ねぎ	大2個
ラードまたはサラダ油	適宜
豚レバー	250g
塩、黒こしょう	各適宜
豚の背脂	100g
全卵	3個
にんにくのみじん切り	3片
パセリのみじん切り	適宜
緑こしょうの酢漬け	適宜
豚の網脂	適宜
ローリエ	適宜

※硝石を入れない場合は、砂糖少々を加えると発色がよくなる。

1 ファルスのベースは適当な大きさに切り、マリネ用の材料をまぶして１日マリネする。マリネ時間を短縮したいときは、肉を小さく切るといい。

2 マリネ液もろともミンチ機にかけて挽き肉にし、ボールにとる。

3 木べらでよく練って粘りを出す。

4 残りの材料。玉ねぎのみじん切りはラードまたはサラダ油でしんなりするまで炒め、さましておく。豚レバーは小指の頭くらいに切り、ラードまたはサラダ油で８分通り炒め、塩、こしょうし、さましておく。背脂は5、6㎜角に切り、さっと湯通しする。

5 全卵を加える。卵はつなぎの役割。

6 にんにくは芯を取り除き、細かいみじん切りにして生のまま。芯をつけたままだと、日持ちが悪くなるので、必ず除くこと。

7 玉ねぎは透き通るまで炒めてさましたもの。

8 ファルスの豚レバーは軽く炒めてから使用。生だと焼いたときパテの内部で縮み、空洞ができるおそれがある。パセリと粗くつぶした緑粒こしょうも加える。

9 背脂を加えてよく混ぜ合わせる。

10 糸を引くような粘りが出るまで練る。

11 網脂は流水でよく洗い流して水気を切り、バットに広げておく。網脂のかわりに背脂を敷く方法もある。

12 テリーヌ型に網脂を敷き込み、上部に覆いかぶせられるゆとりを持たせ、まわりにたらしておく。

13 型の中に肉を盛り上がるくらいまでたっぷり詰め、トントンと型で台を叩いて空気を抜く。

14 ローリエをのせて網脂で包み込む。

15 アルミ箔で覆う。蓋つきのテリーヌ型の場合は、蓋をする。

16 湯煎にかける。湯は必ず沸騰させること。水が冷たいと温度が上がるまで時間がかかりすぎ、仕上がりに悪影響を及ぼす。

17 180度のオーブンで40分～80分間、中心温度が65度になるまで焼く。

18 オーブンから取り出し、静かにアルミ箔をはがす。上にたまっている汁は後で利用するのでこぼさないよう注意。

19 焼きたてはこんなに盛り上がっているので、すぐに重しをのせる。

20 湯煎からはずしてバットにのせ、重しをかけ、このまま1、2時間放置してさます。このとき出た汁は大切にとっておく。重しが重すぎるとパテが固く締まりすぎるので、適度に押さえること。

21 パテから出た汁から脂を除き、コンソメと混ぜ合わせたものをパテの上部に流し込み、冷蔵庫で冷やす。汁がパテの空洞部分を埋めてゼラチン状に固まり、旨みがより増す。焼いた当日より2日目からが美味。

ここからジビエのパテなど各種のバリエーションが派生する基本中の基本。
スタンダードな配合にスパイスを効かせたり、マリネのアルコールを変えたり、
ファルスのレバーの分量を増やしたり、腎臓や肺、鶏レバーを加えるなど、
いかようにも変化応用ができる。いろいろ試してみて、自分の味に変えるとよい。
表面をラードで密閉して空気を遮断すれば、かなりの長期間持たせることができる。

Chapitre* 2

繊細で上品 レストランの パテ・ド・カンパーニュ

フランスでシャルキュトリー類はもっぱらビストロや
ブラッスリーで提供され、レストランで見ることは少ない。
レストランで出会えるのは、日本ならではの特権といえるだろう。
素朴でありながら洗練されたレストランの
パテ・ド・カンパーニュからは、長年作り続けている
シェフそれぞれの無駄のない考え方と技術が、ありありと滲み出てくる。

ロテスリーレカン
渡邉幸司

ブーケ・ド・フランス
井本秀俊

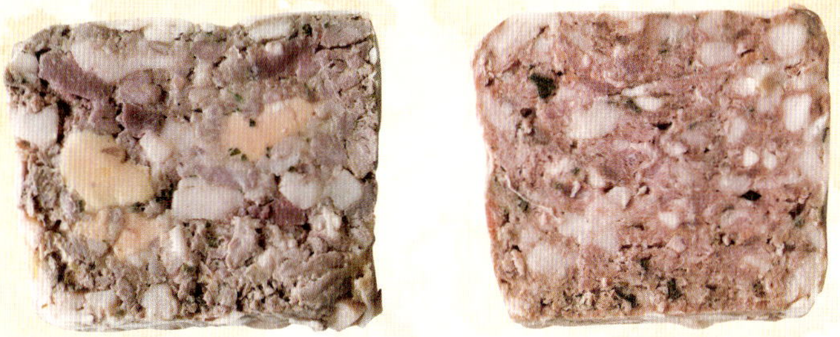

レストランKAIRADA
皆良田光輝

ル・ブルギニオン
菊地美升

アニス
清水 将

デジーノ
金田賢二郎

サルキッチン
内藤泰治

PHOTO KUROBE TOHRU

緻密な計算に裏付けられた一体感
贅沢を極めた味

「ロテスリーレカン」 渡邉幸司

この1枚のパテの中には、緻密に計算された細かな手順と、吟味された数多くの材料が集積されている。しかし、渡邉シェフが追い求めるパテの理想型は、なにひとつとして突出することなく、すべてが完璧に調和した「一体感」だ。

豚肉は、宮城県産の「島豚」の肩ロースとのど肉を同割で使う。もともとは奄美大島在来種の黒豚で、沖縄では「アグー」と呼ばれる。肉は赤色が鮮やかで味が濃く、旨みが強いのが特徴だ。赤身の肩ロースは棒状に手切り、筋、ゼラチン質、脂肪がバランスよく混じったのど肉はミンチ機で中挽きと、部位の特性によってサイズを変える。

レバーは、鶏レバーと豚レバー、鴨フォワグラの3本立て。鶏レバーとフォワグラはペースト状にしてファルスに練り込み、全体の風味を増す役割なのに対し、豚レバーは粗く叩いた程度のサイズに刻むのがポイントだ。その歯ざわりが一体感の要になる。

まず肉類だけを手で混ぜ、しっかりつなぐのが第二のポイント。慣れないと腕が痛くなるくらい力をこめて練る。卵や香草類を加えるのはつながった後だ。

焼成には三段階の温度調整を行い、芯温55℃を目安に取り出す。常温で粗熱を取ったらサラマンドルであぶり、表面の網脂に焼き目をつける。網脂自体は切り取って提供するが、熟成中に香ばしさが内側にしみ込んで、おいしさにメリハリが生まれる。

冷蔵庫で寝かせるうちに、一体感はさらに強まる。材料の風味すべてが渾然となり、贅沢を極めた味わいのパテ・ド・カンパーニュである。

保存時は液状のラードを塗って細部まで行き渡らせてからポマード状のラードで覆い、完全に空気を遮断する。

Points importants

主材料	【豚肩ロース肉】1：【豚のど肉】1：【鶏レバー＋豚レバー＋鴨フォワグラ】1
ガルニチュール	ピスターシュ
塩	主材料の１％
香辛料	白こしょう、キャトルエピス
野菜と香草	パセリ、エシャロット、にんにく
アルコール	ルビーポルト酒、コニャック
マリネ	12時間（一晩）
火入れ	200℃、蒸気60％のスチームコンベクションオーブンで10分▶ 150℃で10分▶100℃で芯温55℃に
熟成	10日～２週間

パテ・ド・カンパーニュとピクルス

1400円
ルセットは102ページ

赤身3、脂身1、レバー1が黄金比
つなぎゼロで冴える肉の純度

「ブーケ・ド・フランス」 井本秀俊

豚肉料理をメニューの中心に据え、沖縄アグー豚、岩手白金豚など数種の銘柄豚をいつも用意している「ブーケ・ド・フランス」。テリーヌ用にも、これらのおいしい豚肉をまわせるのが強みである。テリーヌ型で焼いたブーダン・ノワールとともに、前菜の二大定番だ。

赤身、脂身ともに部位は特定せずに、赤身3に対して脂身1、レバー1が井本シェフにとっての黄金比。以前、レバーにも豚を使っていたが、匂いが強すぎることから現在は鶏レバーで繊細な味に仕上げている。

粗挽きでゴツゴツ、ゴロゴロしているのが一般的な「田舎風」のイメージだが、このテリーヌは目が細かいのが特徴だ。

最初は8ミリ、次に2ミリの刃で2度挽きにする。細挽きだから卵など増粘効果のある材料はいっさい加えなくても、力いっぱい練ることだけで粘りと結着力を引き出し、つなぐことができる。

180℃のオーブンできっちり火を通し、1週間から10日間寝かせ、旨みが乗ったのを見計らって提供する。なめらかな口当たりのなかで味の一体感がより強調され、かといってペースト状ではなく、肉らしい食感もしっかり伝わってくる。豚肉の純度の高さを感じる一品である。

Points importants

主材料	【豚の赤身】:【豚の脂身】:【鶏レバー】 3 : 1 : 1
ガルニチュール	干しぶどう
塩	主材料の1.2%
香辛料	黒こしょう、キャトルエピス
野菜と香草	玉ねぎ、にんにく、乾燥タイム、ローリエ、パセリ
アルコール	コニャック、マデラ酒
マリネ	12時間(一晩)
火入れ	湯煎、180℃のガスオーブンで60分間
熟成	1週間〜10日間

•••田舎風お肉のテリーヌ•••

2400円

ルセットは103ページ

ファルスは練らない、つながない
ざっくりした粗挽きで肉らしさを強調

「ル・ブルギニオン」　菊地美升

店をはじめた当初は「レストラン料理ではない」というイメージからメニューに載せていなかったが、メイン用には使えない端肉をおいしく再利用できる料理として採用し、いまではブーダン・ノワール、にんじんのムースと並んでランチの定番前菜として愛されている。

参考にしたのが、修業時にブルゴーニュ地方のレストランで覚えた温製パテ・アン・クルート。ざっくり合わせるだけで練らないファルスが特徴だ。つなぎを加えず、なおかつ練り合わせてつながないことで、肉らしさを前面に出すのが狙いである。ファルスの主体は豚肩ロース肉と、鴨もも肉。メインに鴨胸肉を使ったあとの有効活用法でもある。

内臓料理の名手としても知られる菊地シェフだが、実は豚レバーは大の苦手だという。とはいえレバーなしでは寂しいので、匂いが強調されない程度に鶏のレバーを加え、さらにフォワグラで風味を補強する。焼いている間にフォワグラの脂が全体に広がって、旨みが圧倒的に増す。冷ますときには重しをのせず、ジューを内部に封じ込めてしっとり仕上げるのもポイントだ。

練れば練るほど食感はなめらかにはなるが、反面、味の単調さを招くこともある。たしかに一口入れた瞬間、まずフォワグラの芳香が鼻腔に届き、プレスしていないためふわっとほぐれ、食べ進むごとに味が変化する。ゴロッとした肉の食感も満点。菊地シェフのさりげない工夫が詰まったテリーヌである。

Points importants

主材料	【豚肉】:【鴨肉】:【鶏レバー】:【豚の背脂】 3 : 1 : 1 : 0.5
ガルニチュール	鴨のフォワグラ、鴨のささみ
塩	主材料の約1.2%
香辛料	白こしょう
野菜と香草	にんにく、玉ねぎ
アルコール	白ワイン、コニャック、マデラ酒
マリネ	12時間(一晩)
火入れ	湯煎、160℃のガスオーブンで60～65分
熟成	できれば2週間

ブルギニオンのお肉のテリーヌ　サラダ添え

プリフィクス・ランチ（2500円～）の前菜

ルセットは103ページ

発酵だけが生み出すことのできる熟成香
ワインを飲まずにはいられない複雑味

「レストランKAIRADA」 皆良田光輝

22歳で修業に入った「アピシウス」の、人生ではじめて出会った料理の数々は、驚きの連続だったという。パテ・ド・カンパーニュもそのうちのひとつ。皆良田シェフのパテの原点である。

80年代に高級フランス料理店の代名詞だったのが「アピシウス」だ。当時の高橋徳男料理長の「フランスと同水準の材料を使いたい」という理想を実現するため、北海道に広大な牧場を持ち、仔牛、真鴨、仔羊、カナダガン、ペルドリーなどを飼育していた。

高橋料理長のパテ・ド・カンパーニュは、豚肉に仔牛肉を混ぜて作るのが特徴だった。本来はビストロ料理のパテに、繊細な肉質が賞賛の的となる仔牛肉で、レストランらしく上品に仕立てようとしたのだろうか。だが、何といっても個性的だったのは、マリネのやり方だった。

肉を塩と香辛料、コニャックで5日間から1週間、冷蔵庫で長期マリネする。この間1日に1回、糠漬けのようにかき混ぜて練るのである。すると何日目かに粘りと芳香が感じられるようになる。目と鼻とさわった感触で、香りと肉の旨みが最高潮に達したと思ったら、パテの作りどきだ。しかも、焼いた後にもしばらく寝かせて熟成させる。

熟成だけが生み出すことのできる複雑な妙味に魅せられた皆良田シェフだから、いまも方向性はまったく変えていない。チーズのような発酵食品に近い旨みと豊富なアミノ酸を感じさせ、一口食べるとワインを飲まずにはいられない。目指すのは、そんな味だ。

ただ、根本は同じだが、今回紹介していただいた鹿肉と仔羊肉のパテ・ド・カンパーニュのほか、ときには猪肉や野鳥類などを使って、自分らしさをアピールしている。どの肉の場合も、練りながらマリネするのが基本。ほとんどが赤身の鹿肉の場合は、ガルニチュールのフォワグラで脂肪分を補う。最近では狩猟期間以外も使えるようになり、とりわけ夏の鹿で作ると美味だという。

Points importants

主材料	【鹿肉＋豚のど肉】:【豚の背脂】:【鹿レバー】 5 : 1 : 1
ガルニチュール	鴨のフォワグラ、鹿のハツ（心臓）
塩	主材料の約1.1%
香辛料	白こしょう、ジュニエーヴル
野菜と香草	にんにく、エシャロット、パセリ
アルコール	コニャック、ルビーポルト酒
マリネ	1週間
火入れ	80℃のスチームコンベクションオーブンで芯温62℃に
熟成	3日間

••● 鹿肉のパテ・ド・カンパーニュ ●••

ディナーコース
（5500円～）のオードヴル
ルセットは104ページ

際立つ独特な香りとレバーの個性
仔羊好きにはたまらない

皆良田シェフが仔羊肉で作ってみようと思い立ったきっかけは、北海道の士別市でサフォーク種の羊を育てている生産者から、肉だけではなくレバーやハツなどの内臓類も送ってもらえることを知ったことだ。

サフォーク種の仔羊の肉はおだやかでクセがない。普通にローストするには物足りないくらいだが、長期マリネで熟成させると独特の風味が飛躍的に引き出せる。逆にレバーの香りは強烈なので、マリネは落ち着かせる効果もある。羊の脂は融点が高く、冷製のパテでは口当たりが悪くなるため、豚の背脂と合わせて使うのがポイントだ。

仔羊の場合も練るマリネが基本。繊細さが目立つ鹿肉とは趣をまったく異にし、肉の個性が際立って強いパテ・ド・カンパーニュになる。

また、皆良田シェフはパテ・ド・カンパーニュを材料としても活用してきた。たとえば、パイ包み焼き。「パ・マル」では間にナスのソテーを挟んで三段重ねにしたパテをクレープで巻き、それをパイ生地で包んで焼き上げ、コルニッションの酸味を利かせたソースを合わせていた。ナイフを入れた瞬間にインパクトのある香りが飛び出し、えもいわれぬ味わいだったそうだ。

あるいは、クロケット。ゆでて粗くつぶしたじゃがいもにザクザクと切ったパテを混ぜ、パン粉をまぶして揚げると小粋な前菜が出来上がる。温かくして食べるパテは、また別のおいしさ。それぞれのアイデアで応用してみてはどうだろうか。

赤い型が仔羊、青い型が鹿肉。仔羊にはキャトルエピスとエストラゴン、鹿にはジュニエーヴルとパセリというように、相性のよいハーブとスパイスをファルスに使い分けている。

Points importants

主材料	【仔羊肉】：【仔羊の背脂＋豚の背脂】：【仔羊レバー】 約 5 ： 1 ： 1
塩	主材料の約1.2％
香辛料	白こしょう、キャトルエピス
野菜と香草	にんにく、エシャロット、エストラゴン
アルコール	コニャック、ルビーポルト酒
マリネ	1週間
火入れ	80℃のスチームコンベクションオーブンで芯温62℃に
熟成	3日間

仔羊のパテ・ド・カンパーニュ

ディナーコース
（5500円～）のオードヴル
ルセットは105ページ

必要なことだけを行い、付加価値はつけない 科学的思考で作り出すパテ

「サルキッチン」 内藤泰治

可能なら肉はすべて野生動物を使う。それが内藤シェフの方針である。飼育動物の肉には自然界ではありえない雑味が含まれ、とくに脂肪の臭みが耐えがたいためだという。

例外的に利用する家禽・家畜が、野外の小屋で育つ仏ラカン産のホロホロ鳥、ホルモン剤を投与せず自然分娩で繁殖するアイスランド産仔羊、そして仏バスク産キントア豚の3種である。

キントア豚とは一度は絶滅の危機に瀕した希少品種。生後2か月は母乳を飲み、その後は木の実を食べ、野山を駆け巡って成長する。現在も生産量はごくわずかだが、味のきれいさで卓越している。

大学理学部で生体制御学を専攻した内藤シェフは、調理・食事の目的を論理的に解析する。人間には、食べ物を吸収するときも含めて、体を常に同じ状態に保とうとする機能が揃わっているので、よい材料をストレスなく吸収できたときに「おいしい」と感じ、体に違和感・不快感を与える食べ物は自律神経脳が拒否し、「まずい」と感じさせる。

料理人の仕事は、材料を体にとって最良な状態で食べられる形にすること。そうした前提に基づけば、味つけや作り方は違っても、おのずと同じ「おいしさ」に行き着くはずだという。

パテの材料は、前記のキントア豚の肩ロース肉とホロホロ鳥のレバー。作り方はシンプルだが、塩分濃度は体液と同じ0・9％から多くとも1％以内に収め、火入れ時は3種あるタンパク質のうちもっとも変化が速い繊維状タンパクが収縮をはじめる55℃以上には上げないようにする。

このように、内藤シェフが調理に用いている科学的根拠には、学ぶべき点が多い。

型には何も敷かないが、温度管理が適切なら表面は乾かず、型から簡単にはずせる。

Points importants

主材料	【豚肩ロース肉】:【ホロホロ鳥レバー】 10 : 1
塩	総重量の0.9%
野菜と香草	玉ねぎ
アルコール	コニャック、ルビーポルト酒
マリネ	12時間（一晩）
火入れ	湯煎、170℃のガスオーブンで芯温50℃以上、55℃未満
熟成	しない

キントア豚のパテ・ド・カンパーニュ

1人前1000円　2人前1800円

ルセットは105ページ

食感をしっとりさせ、おいしさを高める古典的な材料、「パナード」でファルスをまとめ上げる

「アニス」 清水 将

日本での経験が1年未満で渡仏し、7年間という年月を過ごした清水シェフは、現地ではじめてフランス料理を本格的に学んだ人。何の知識も持たなかったパテ・ド・カンパーニュも、いつしか生活に欠かせない食べ物になっていった。

最初の頃は安い缶入りパテにずいぶん助けられた。ビストロやブラッスリーでもよく食べたが、友人宅などで手作りパテでもてなされた経験を経て、フランス人にとってこれは店料理ではなく、家庭で食べる真に日常的な食べ物なのだと認識するようになった。

家庭のパテは大雑把に作るので、ざっくりしてポロポロとほぐれる。その荒削りなおいしさを知ったのも収穫だったという。

いま清水シェフが作っているのは、日本人好みのしっとりと柔らかく、口溶けのよいパテ。約20種の野菜とエディブルフラワーを山盛り添えたプレゼンテーションも斬新だ。

だが、ルセット自体は、フランスの基本的な製法に則っている。日本では鶏レバー派が主流なのに対して豚レバーで作り、パナードが入るのも特徴的。昔はファルスになくてはならなかった古典的なつなぎで、全体をしっとりまとめ上げる役割を果たす。入れないと肉々しいか脂っぽいか、どちらかに傾いてしまうという。

パナードはでんぷん質主体だが、出来上がったパテはけっして重くなく、むしろ軽やか。クラシックのよさを実感する味わいだ。

焼きたては味が「浮いた」感じだが、寝かせる間に味がまとまり、旨みが乗ってくる。

パテ・ド・カンパーニュ

1500円

ルセットは106ページ

葉野菜とエディブルフラワーは分類して冷蔵保存。種類をたくさん取り合わせるほど、それぞれの風味が主張する。

Points importants

主材料	【豚のど肉】:【豚レバー】:【豚の背脂】 5 : 2 : 1
塩	主材料の1.9%
香辛料	白こしょう、キャトルエピス
野菜と香草	エシャロット
アルコール	ルビーポルト酒
マリネ	2日間
火入れ	100℃のスチームコンベクションオーブンで芯温68℃未満に
熟成	10日間

きめ細かなファルスに粗挽きを融合 低温長時間加熱で理想のしっとり感に

「デジーノ」 金田賢二郎

パテ・ド・カンパーニュは個人的にも大好きな料理という金田シェフ。数々の店で食べ、ルセットを研究して行き着いたのがいまの形だ。

大別すると、現在のパテ・ド・カンパーニュは肉の粒が大きなタイプと、きめ細かなタイプに分かれるが、両方の長所を取り入れた「いいとこどり」。ファルスに使う肉の7分の1量を粗めに手切りし、なめらかな食感のなかに時折混ざるゴロッとした歯応えで「田舎風」を表現している。上品さと荒々しさを共存させ、どこか懐かしさがあり、また食べたいと感じてもらうのが目標だ。

イベリコ豚は、レストランらしい付加価値をつけると同時に、その独特な風味が出来上がりの味に強く反映される。利用するのは、固いが旨みが強い肩ロース。また、レバーの一部分をフォワグラに置き換えることで、いっそう贅沢さが増す。全体をまとめるのが、豚のど肉。これなしでは、味がバラバラになってしまう。とりわけ重要な材料だ。

ポイントのひとつが、ファルスの練り方である。必ずボウルの底を氷水に当て、冷やしながら練らないと温度が上がって脂が溶け出し、加熱時に分離してしまう。練り加減も重要で、粘りは出さなくてはならないが、度が過ぎるとつながりすぎ、加熱時にぎゅっとしまって固くなる。

もうひとつのポイントが、火入れ。高温で焼くと最初に激しく膨張して気泡が入ってしまうので、低温で長時間加熱する。膨張が最小限に抑えられるので、重しをする必要もない。

肉の締まりが少なく、ソフトでジューシー。理想のしっとり感に仕上げられたときの喜びは、何ものにも代えがたいという。

3日目から食べられるが、寝かすにつれて味が「まろみ」を帯び、旨みが増す。2週間はおいしい状態が続く。

Points importants

主材料	【イベリコ豚肩ロース肉】: 6 【豚のど肉】: 2 【鶏レバー】: 3 【豚の背脂】: 1 【鴨のフォワグラ】 1
塩	主材料の約1.7%
香辛料	白こしょう、キャトルエピス
野菜と香草	玉ねぎ、にんにく
アルコール	コニャック、ルビーポルト酒
マリネ	24時間
火入れ	湯煎、100℃のコンベクションオーブンで2時間〜2時間30分、芯温55〜58℃に
熟成	1週間

7日間熟成フォワグラとイベリコ豚のテリーヌ・カンパーニュ グレッグ・レギューム添え

プリフィクス・ディナー（5200円〜）の前菜　ルセットは107ページ

bistro
brasserie
bar
café

Chapitre*3

シェフの情熱と個性がほとばしる

ビストロやブラッスリーのパテ・ド・カンパーニュ

「これさえ食べれば、店の個性が分かる」といわれるほど、
ビストロやブラッスリーなど、庶民派フレンチにおける
パテ・ド・カンパーニュの存在は大きい。
店のイメージを決定づける不動の看板メニューに、
シェフたちは並々ならぬ情熱を注いでいる。
配合、火入れ、盛りつけにいたるまで、
あらゆる点で創意工夫を重ねられたパテ・ド・カンパーニュは、
一点の隙もない完成度だ。

PHOTO MURAKI HAZUKI

巧みなレバー使いで季節に合わせた味作り

ビュットブラッスリー 小野寺 隆

パテ・ド・カンパーニュ

900円

ルセットは106ページ

季節によって求める味わいが異なるという小野寺シェフは、レバーの使い分けによって味に変化をつけている。冬は、白レバーを牛乳と一緒にフードプロセッサーで完全なペースト状にし、全体にレバーの香りを漂わせ、なめらかで濃厚な味わいに仕立てる。逆に夏は軽いテイストにしたいので、食感と香ばしさが出るよう、ざく切りにしたレバーを強火でさっと炒め、マール酒で軽く香りづけてからファルスに混ぜ込んでいる。

肉を焼く感覚で、15分焼いたら15分休ませ、また15分焼く……というように、途中で何度も休ませながら、じっくり火を通す。こうすれば、肉汁がほとんど出ないだけでなく、タルタルを思わせるようなレア感の強いパテに仕上がるそうだ。

豚肉100%だと単一な味わいになるため、鶏肉よりも濃厚な味を持ったホロホロ鳥を加えて家禽ならではの旨みを補い、複雑な味わいを目指した。

Points importants

主材料	【豚肩肉】3：【ホロホロ鳥もも肉】1：【豚の背脂】1：【鶏白レバー】肉に対して16％
塩	主材料の約0.8％
香辛料	キャトルエピス、白こしょう
野菜と香草	玉ねぎ、しょうが
アルコール	マール酒
マリネ	12時間（一晩）
火入れ	湯煎、200℃のガスオーブンで10～15分▶150℃で10～15分焼いて10～15分休ませる×3回
熟成	1日以上

夫婦で営むブラッスリーは、こじんまりしていながら、高級感ある雰囲気。

火入れ後 3時間で提供 熟成ゼロのパテ

パテ・ド・カンパーニュ

650円 ルセットは107ページ

フレンチバル ルフージュ 齋藤富治夫

「狩猟民族のフランス人が思い浮かべる田舎のイメージは、田園風景ではなく、ジビエでしょう。だから、パテ・ド・カンパーニュにも、野性的な香りを持たせたい」と、齋藤シェフ。香りの強い豚レバーを使用し、さらに豚ハツを加えることで血の味わいもプラス。野趣溢れるおいしさを目指す。

熟成はいっさい行わず、新鮮だからこそ味わえるおいしさを表現。玉ねぎは炒めず、生ならではのシャリシャリとした食感と繊細な甘味を生かした。また、プレスしたときに出たキュイッソンはパテの中に戻して冷やし固め、旨みを閉じ込めるだけでなく、ゼラチンのひんやりとした食感も味わえるように工夫している。

冷やし固めたら3時間後には提供でき、2日間がもっともおいしいという。現代の熟成ブームとは一線を画す鮮度が命のパテである。

バルらしい賑やかな雰囲気で、本格的な料理を気軽に食べられる。

Points importants

主材料	【豚バラ肉】3：【豚肩ハム】1：【豚レバーと豚ハツ】4：【鴨フォワグラ】1
塩	主材料の1.7％
香辛料	黒こしょう、キャトルエピス
野菜と香草	玉ねぎ、タイム、ローリエ
アルコール	コニャック、ルビーポルト酒
マリネ	しない
火入れ	湯煎、170℃のガスオーブンで40～50分
熟成	しない

bistro brasserie bar café

肉質に合わせて仕込みを変える

ビストロ　トロワキャール　木下聡一郎

木下シェフのパテ作りは肉の観察からはじまる。「肉質によって、仕上がりが変わるところにパテ・ド・カンパーニュの面白さがある」と考えているからだ。たとえば、肉自体から力を感じるものは、新鮮なうちに仕込んでも味が濃厚に仕上がるし、手切りにして食感を残すことでジューシーさが味わえる。逆に、細挽きにし、なめらかに仕上げることでおいしさが増す肉質もある。作る前に肉と向き合い、挽き方や熟成時間を見極める。

どんな肉を使っても共通するのは、火入れ温度。タンパク質が凝固するぎりぎりの温度帯を狙う。70℃を超えると水分が一気に流出してパサついてくるので、火入れには全神経を集中させている。

今回は、根室の蝦夷鹿を使用し、ジビエならではの旨みが凝縮した味わいに仕上げた。鹿肉は豚肉に比べて脂肪分が少ないため、フォワグラを加えて脂肪分を補い、リッチな香りもプラスしている。

松陰神社前駅のすぐ目の前。地元客が集うアットホームな店。

蝦夷鹿とフォワグラのパテ・ド・カンパーニュ

1300円　ルセットは108ページ

Points importants

主材料

鹿肩肉、豚バラ肉、豚生ベーコン、豚の背脂を合わせて【赤身】:【脂身】 1 : 1

:【鶏白レバー】肉に対して約11%
【鴨フォワグラ】肉に対して約20%

ガルニチュール	ピスターシュ
塩	主材料の約1.2%
香辛料	キャトルエピス、白こしょう
野菜と香草	玉ねぎ、にんにく、パセリ
アルコール	ルビーポルト酒、マデラ酒、ブランデー
マリネ	肉類とレバー12時間、フォワグラ2時間
火入れ	105℃のスチームコンベクションオーブンで約60分、芯温65℃に
熟成	3日以上

フォワグラのテリーヌを彷彿(ほうふつ)とさせる極上のなめらかさ

ビストロ　チカラ　遠藤　力

レバーたっぷり パテ・ド・カンパーニュ

900円

ルセットは109ページ

遠藤シェフがもっとも重視するのは、なめらかさ。ナイフがスッと入り、口のなかでとろけるような食感を求め、レバーを最大限まで加える。

高温で火入れすると、レバーの口当たりが悪くなるので、フォワグラのテリーヌを作るときと同じ感覚で、温度は上げすぎず時間をかけてじっくり焼く。また、熟成も重要なポイント。焼き上がりはざらざらとして舌ざわりが悪いが、1週間寝かせることで食材同士をなじませ、なめらかに仕上げる。

レバーが大量に入るぶん、そのままではレバーの味だけが突出してしまうため、牛乳に浸けて血抜きを徹底し、さらにファルス自体にも牛乳を加える。また、肉はあえてフードプロセッサーで不揃いに挽き、肉の存在感を増幅させた。酒は一滴も加えず、肉、レバー、スパイスが三位一体となったバランスのよい味にまとめている。

赤を基調とした落ち着いた店内。カリフォルニアワインが豊富に揃う。

Points importants

主材料	【豚肩ロース】:【豚バラ肉】:【豚の背脂】:【鶏レバー】 1 : 1 : 1 : 肉に対して約56％
塩	主材料の約1.9％
香辛料	黒こしょう、キャトルエピス
野菜と香草	玉ねぎ、にんにく
アルコール	なし
マリネ	肉と背脂だけで1日、ファルスにして12時間（一晩）
火入れ	湯煎、150℃のガスオーブンで90分
熟成	1週間以上

bistro
brasserie
bar
café

ワインの肴に、パンのおかずに自由度の高さを追究

アバ入りテリーヌ・ド・カンパーニュ

2600円　ルセットは109ページ

カナイユ　高橋 豊

日によって求める食感や味わいが異なるため、基本のルセットは持たないという高橋シェフ。アバを加えるなど、変化をつけることも多いが、柔らかく、おだやかな味の軸からずれないように心がけているという。お子さま連れも多い土地柄、食べて安心でき、酒の肴としても、パンと一緒に食べてもおいしく感じられる自由度の高いパテを追究している。

パン粉はつなぎと考えられがちだが、シェフにとっては理想の食感を作るために重要な材料。卵や玉ねぎを加えたり、肉だけで仕込むよりも、軽さとなめらかさが得られる。また、カレーを連想させるケイジャンスパイスを使い、よりなじみ深い味に仕上げる。

火入れは、湯煎焼きで100℃、90分。はじめから低温で火入れすることで、肉汁を閉じ込めるだけでなく、発色もよくなるそうだ。このとき、型を湯煎ごとアルミ箔で覆うことで内部を一定の温度に保て、均一な火入れが可能になる。

席数14席、下町・蔵前にあるこじんまりした隠れ家的なビストロ。

Points importants

主材料	【豚肉】（のど肉、ロースなど脂が多い部位）2：【鶏レバーとハツ】1
ガルニチュール	豚コブクロ、豚大腸
塩	主材料の約1.2％
野菜と香草	なし
香辛料	黒こしょう、ケイジャンスパイス
アルコール	ルビーポルト酒、マデラ酒
マリネ	しない
火入れ	湯煎、100℃のガスオーブンで90分
熟成	1日以上

鹿肉で深さを、軍鶏（しゃも）で淡白な旨みを足す

パピエドレ　野村裕亮

蝦夷肉のパテ・ド・カンパーニュ

1800円（ハーフサイズ1200円）　ルセットは111ページ

どんな料理を作るときにも「深い旨みと浅い旨みのバランス」に重点を置くという野村シェフ。パテでは豚肉に鹿肉、軍鶏を組み合わせ、野性味のある鹿肉で深みを、軍鶏肉で淡泊な旨みをそれぞれ補い、豚肉のおいしさを引き立たせた。夏期には、鹿肉のかわりにキジバトやクマなど、赤身のジビエを加えている。

豚肉は2週間熟成させた十勝産・蝦夷豚を使用。蝦夷豚は脂の中に甘味だけでなく、濃厚な旨みを持つのが特徴だ。また、白レバーとフォワグラを肉の量の66％まで加え、熟成肉とレバーの相乗効果で濃厚な香りに仕上げる。レバーのなめらかな舌ざわりと粗挽き肉のゴツゴツ感を両立させる狙いもある。

供するさいは、160gを大胆に斜めカット。立体感のある盛りつけで、見た目にも存在感のあるパテを目指した。

Points importants

主材料	【豚肩ロース肉とのど肉】2 ：【鹿内もも肉】1 ：【軍鶏もも肉】1 ：【鶏白レバー】肉に対して約60％ ：【鴨フォワグラ】肉に対して約6％ ：【豚の背脂】肉に対して約6％
塩	主材料の約1.4％
香辛料	白こしょう、キャトルエピス
野菜と香草	エシャロット、にんにく、パセリ
アルコール	ルビーポルト酒、コニャック
マリネ	12時間（一晩）
火入れ	湯煎、160℃のガスオーブンで90分
熟成	1週間

広い店内にはバーカウンターもあり、シーンによって使い分けられる。

bistro
brasserie
bar
café

つながない、熟成しない
鋭角な味を追求

自家製
パテ・ド・カンパーニュ

1620円

ルセットは110ページ

イバイア　深味雄二

厚切りパンを添え、家庭的で素朴な雰囲気を演出するというイバイアでは、パテとパンの両方を主役と捉え、パンに塗れるほどなめらかなパテを作っている。

卵や玉ねぎなどのつなぎを一切加えず、熟成もさせないのが、深味シェフ流。つなぎを加え、熟成させれば、まとまった味わいにはなるが、求めるのはその対極にある。食べた瞬間に、肉の旨みと同時にスパイス、酒、レバーの香りが一気に鼻から抜け、強烈なインパクトを放つパテこそ、理想の形なのだそうだ。

焼成後に熟成させないぶん、肉を挽く前にはたっぷりの酒で2日間マリネし、香りをあらかじめ肉に移しておく。レバーが多く、挽いたあとは1秒でも早く火入れしないと色と味が極端に落ちるので、手早く混ぜ合わせることも重要だ。

2013年に東銀座の裏路地にオープンした肉料理に定評あるビストロ。

Points importants

主材料	【豚うで肉】:【豚もも肉】:【鶏白レバー】 1 : 1 : 肉に対して35％
塩	主材料の1.6％
香辛料	パプリカパウダー
野菜と香草	にんにく、タイム
アルコール	ルビーポルト酒、マデラ酒、ブランデー
マリネ	2日間
火入れ	湯煎、170℃のガスオーブンで2時間
熟成	しない

「ざっくり」と「ねっとり」を両立

ア・ターブル　中秋陽一

パテ・ド・カンパーニュ

1500円　ルセットは111ページ

つけ合わせはコルニッションのみ、マスタードは瓶ごとテーブルへ。「フランスのおばあちゃんが作ったような素朴さが理想」という中秋シェフの言葉通り、ごくシンプルな供し方だ。しかし味の面では、店で食べるという贅沢感をきっちり表現したい。そこで、バスク産のキントア豚を主材料に選び、フォワグラをガルニチュールとして加え、素朴さのなかに深みが感じられるパテを目指した。

肉は食感が残る程度の粗挽きに、背脂は角切りにし、低温でタンパク質が凝固するぎりぎりの温度に焼成する。肉の存在感はありながら、舌にねっとりとからみつくなめらかさを感じさせるのが狙いだ。

また、酒類は加えてすぐに焼成すると香りが一気に立ってくるので、半量だけを肉のマリネに使って味をなじませ、残りは焼成直前に加える。こうすることで、味と香りがどちらも引き立ってくるそうだ。焼成後は最低でも1週間は熟成させ、より濃厚な味わいに仕上げる。

パリを思わせるカウンター席が魅力。
2階には落ち着いたテーブル席も。

Points importants

主材料	【豚のど肉】:【豚肩ロース肉】:【鶏レバー】 1 : 7 : 2
ガルニチュール	鴨フォワグラ、豚の背脂
塩	主材料の1％
香辛料	キャトルエピス、黒こしょう
野菜と香草	玉ねぎ、にんにく
アルコール	コニャック、白ポルト酒
マリネ	12時間（一晩）
火入れ	100℃のスチームコンベクションオーブンで60〜70分、芯温65℃に
熟成	1週間〜2週間

bistro
brasserie
bar
café

肉にダメージを与えない ジュスト・キュイの魅力

豚肉のテリーヌ　サラダ添え

980円　ルセットは110ページ

ル・ブション・オガサワラ
小笠原 正人

低温長時間の火入れを駆使し、小笠原シェフが狙うのは究極のしっとり感。100℃のオーブンでじっくり3時間焼き、ジャストな瞬間を見極めて取り出せば、肉汁はほとんど出ない。低温なら肉にダメージを与えず火入れできるため、網脂や背脂で包んで保護する必要もないという。

低温で火入れすると豚の香りがどうしても強く出る。そこでハーブと酒は強めに効かせ、クセが出すぎないように調整している。また、どこを食べても脂分とレバーの香りをバランスよく感じられるよう、背脂とレバーはフードプロセッサーで一緒に混ぜ合わせ、完全につなげておくのもポイントだ。

本場、リヨンのブション（ビストロのこと）では、パテそのものより、提供方法で店の個性を出すそうだ。小笠原シェフもつけ合わせには力を注ぎ、パテとワインだけでも楽しんでもらえるよう、たっぷりのサラダを添えて食べ応えある一皿に仕上げている。

オープンキッチン、カウンター席メインで、リヨンの空気を感じさせる。

Points importants

主材料	【豚バラ肉】1：【豚肩ロース肉】1：【豚の背脂】肉に対して約20％ 【鶏レバー】肉に対して約20％
塩	主材料の約1.2％
香辛料	黒こしょう、エルブドプロヴァンス、キャトルエピス
野菜と香草	玉ねぎ
アルコール	ブランデー、ルビーポルト酒
マリネ	しない
火入れ	湯煎、100℃のガスオーブンで約3時間
熟成	1週間以上

肉とレバーの比率は独特のむっちり感の要(かなめ)

オ・デリス・ド・ドディーヌ
加藤木 裕

パテ・ド・カンパーニュ

980円　ルセットは112ページ

レバーのねっとり感とも、粗刻みのざっくり感とも異なる、独特の「むっちり感」。この理想の食感は、肉とレバーのバランスがぴったり合ったときにはじめて得られると、加藤木シェフは言う。黄金比は肉7に対してレバー3だが、肉質に合わせてそのつど比率を変えるなど、配合にはとても気を使っているそうだ。

練り方も重要で、完全に乳化させると同じむっちりでも、ハムのような食感になってしまう。できるだけ練らず、ちょうどつながったぐらいにとどめておく。

レバーが苦手な人でも食べやすいよう、レバーは牛乳に浸して臭みを抜き、まわりに巻く網脂も丹念に血抜きし、クリアな味わいを目指す。また、マリネはレバーと肉を別々に行い、レバーの香りが肉に移らないよう工夫している。

火入れのさいは蓋をせず、網脂や上にのせた香草に、焼き色と香ばしさをつける。このときあえて焼きむらを作り、食感や旨みに変化がつくことを狙う。

Points importants

主材料	【豚のど肉】:【豚うで肉】:【豚レバー】:【豚の背脂】 47%　22%　19%　12%
塩	主材料の約1.2%
香辛料	キャトルエピス、ナツメグ
野菜と香草	玉ねぎ、にんにく、パセリ、セージ
アルコール	ルビーポルト酒、ブランデー
マリネ	肉とレバーを別々に12時間(一晩)
火入れ	湯煎、150℃のガスオーブンで120分
熟成	1週間が理想

シェフが集めた豚のオブジェが目を引く、豚肉料理メインのビストロ。

bistro
brasserie
bar
café

バスク食材で甘味を強調

バスク料理 **サンジャン・ピエドポー**
和田直己

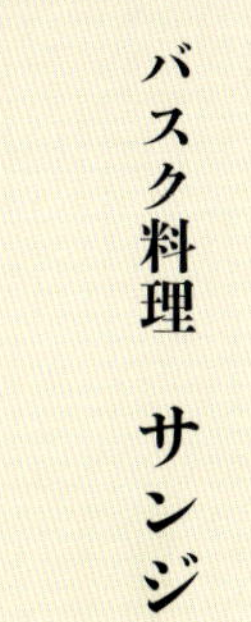

パテ・ド・カンパーニュ

860円 ルセットは112ページ

バスク産のキントア豚は、脂に臭みやクセがなく、独特の甘味を持つのが特徴。また、バスクの唐辛子「ピマン・デスペレット」も、ただ辛いだけではなく、コクと甘味を持つ。和田シェフが求める「やさしい甘味を感じられるパテ」に最適な食材たちだ。

肉自体は、実家の精肉店で熟成させた旨みの強い国産豚を取り寄せ、型に敷く背脂と上面に流すラードにキントア豚を使用。ファルスを型に詰めたら一晩寝かせ、背脂の甘味をファルスに移す。また、フォワグラのテリーヌを作ったときに出る脂も加え、コクと甘味を増強する。

脂に旨みが詰まったパテなので、焼成後はできるかぎり脂は出したくない。そこで、徐々に重しを増やし、段階的にプレスして旨みを閉じ込めるのがポイントだ。

バスク料理の定番、唐辛子のピクルス「ギンディージャ」をつけ合わせ、バスクらしい仕立てで供する。

店内には国旗やベレー帽などが所狭しと飾られ、バスクの情緒たっぷり。

Points importants

主材料	【豚肉】:【鶏白レバー】:【フォワグラ脂】 5 : 1 : 肉に対して5%
塩	主材料の約1%
香辛料	ピマン・デスペレット、黒こしょう
野菜と香草	エシャロット、にんにく
アルコール	ブランデー
マリネ	12時間(一晩)
火入れ	湯煎、150℃のガスオーブンで70分
熟成	2日以上

最小限の火入れでレバーの香りを極限まで抑える

パテ・ド・カンパーニュ

750円　ルセットは113ページ

ルミエルネ　木原良尚

「レバーによって生まれるしっとり感は重視するが、香りは感じさせたくない」と話す木原シェフのパテ・ド・カンパーニュは、レバーが肉の60％以上入っていながら、クセはまったくなく、レバーが苦手な人でも抵抗なく食べられる。その理由は、火入れ法にあるという。

レバーは火が入るほどに味が濃くなるため、余熱も含めてタンパク質が凝固するぎりぎりの温度帯を狙い、必要最低限の火入れにとどめる。

このとき、ポイントになるのが型に敷く背脂。網脂よりもファルスに間接的に熱が伝わり、焼きむらが少なく、温度帯を的確に狙えるそうだ。プレスも行わず、肉からの水分流出を極力防ぐ。

火入れさえ徹底すれば臭みは出ないので、香味野菜はにんにくだけにとどめ、肉そのものの味わいを存分に生かす。生クリームを隠し味として加え、コクを補ってまろやかな味にまとめた。

Points importants

主材料	【豚肩肉】:【鴨もも肉】:【鶏レバー】 5 : 3　肉に対して約63％
塩	主材料の約1.2％
香辛料	キャトルエピス、白こしょう
野菜と香草	にんにく
アルコール	ブランデー、ルビーポルト酒
マリネ	12時間（一晩）
火入れ	湯煎、150℃のガスオーブンで90分
熟成	４日以上

下北沢の喧騒から少し離れたビストロは、ウッディーで温かい雰囲気。

bistro
brasserie
bar
café

鴨肉でパリの味を再現

ビストロ ヴィヴァン 井上武士

ヴィヴァンの田舎風パテ

850円 ルセットは113ページ

パリで修業したビストロの濃厚なパテを日本で再現したいが、国産の豚は繊細な味のものが多く、同じ作り方では圧倒的に旨みが足りない。そこで井上シェフが思いついたのが鴨肉を加えることだ。それも、脂肪分が多い部位を脂ごと挽くことで鴨の脂の芳香が加わり、より濃厚な味わいが得られた。

井上シェフが求めるのは、クリーミーさよりも口に入れた瞬間に鼻孔を刺激する肉の香り。練るとしっとり、クリーミーに仕上がるが、あえて混ぜすぎず、ストレートな香りとほどけるような食感を目指す。そのぶん、火入れでは極限までしっとり焼き上がるよう、肉とレバーに火が入るぎりぎりの温度帯を狙い、重しも短時間にとどめ、水分や脂を閉じ込める。

レバーの量が多いため、鮮度を重視してマリネはせず、焼き上げてからも1日休ませるだけですぐに提供する。1週間以内に使い切るのが理想なのだそうだ。

無農薬、減農薬野菜を使い、ビオワインを取り揃える自然派ビストロ。

Points importants

主材料	【豚のど肉】:【豚すね肉】:【鴨もも肉】:【鶏白レバー】 1 : 1 : 1 : 肉に対して約44%
ガルニチュール	鴨フォワグラ
塩	全体量の1.3%
香辛料	キャトルエピス、黒こしょう
アルコール	ブランデー
マリネ	しない
火入れ	湯煎、140度のガスオーブンで90～100分、芯温65度に
熟成	しない

レバーの鮮度が命 よい香りだけをふくらませる

オーボンヴュータン　河田力也

パテ・ド・カンパーニュ

100g 460円　ルセットは114ページ

フランス菓子の名店が移転に伴い、シャルキュトリー・トゥルトゥール部門をオープン。フランスで長年修業を積んだ河田力也シェフ渾身の品々がカフェでも提供されるようになった。

「パテ・ド・カンパーニュには、よい意味で泥臭さがほしい」と語る河田シェフは、豚レバーを使い、酒はほとんど加えない。フランスではのど肉とレバーだけで作ることがほとんどだが、もも肉の旨みと牛乳のコクを加え、より濃厚な味わいを目指した。

何より重要なのは、レバーの鮮度。処理した当日に届く新鮮なレバーを使い、その日のうちに仕込む。火入れまでの時間を極力短くすることで、よい香りだけを引き出せるという。

テイクアウトのため、衛生面を考慮して芯温は高めの68℃に設定しているが、高温で表面に焼き色をつけてから温度を下げ、時間をかけて中までじっくり火を通し、ふっくら焼き上げている。

ショーケースに並んだ自慢のシャルキュトリーと惣菜は40種以上。

Points importants

主材料	【豚のど肉】:【豚もも肉】:【豚の背脂】:【豚レバー】 7 : 7 : 2 : 6
塩	主材料の約1.8％
香辛料	白こしょう、ナツメグ、キャトルエピス
野菜と香草	玉ねぎ、にんにく
アルコール	白ワイン
マリネ	12時間（一晩）
火入れ	湯煎、180℃のコンベクションオーブンで30分▶
	110℃に下げて90分、芯温68℃に
熟成	３日以上、２週間が理想

変色を極力防ぎ、おいしさと美しさを共存

サロン・ド・エピス　羽根川泰地

定番！ パテ・ド・カンパーニュ

900円　ルセットは114ページ

「口に入れた瞬間に味がダイレクトに伝わるのが理想」という羽根川シェフは、噛み応えよりも口溶けのよさを重視し、レバーを肉と同量まで加えている。ワインが進むよう、にんにくと白こしょうを十分に効かせ、玉ねぎのかわりに蜂蜜でコクを補い、印象的な味に仕立てる。

レバーを多く入れるとどうしても気になるのが、皿に盛りつけてからの変色。試行錯誤を繰り返した結果、3つのことに気がついた。ひとつは、レバーの切り方。ペースト状は変色が早いが、3～5㎜角に切れば、口溶けのよさは残しつつ、変色は最小限に抑えられる。また、網脂や背脂よりも、ベーコンを型に敷くほうが変色が遅い。

熟成時間も関係していることが分かった。焼成後2日目と1週間以上経ったパテを比べると、熟成時間が長いほうが、圧倒的に美しい色を保っていたという。

最後のひと口まで美しく！　羽根川シェフの探究はたゆまなく続いている。

キッチンに背を向けて作られたカウンター席は「落ち着く」と好評だそう。

Points importants

主材料	【豚肉】:【豚の背脂】:【鶏レバー】 2 : 1 : 2
塩	主材料の1％
ガルニチュール	松の実
香辛料	白こしょう
野菜と香草	にんにく
アルコール	ブランデー
マリネ	12時間（一晩）
火入れ	湯煎、150℃のガスオーブンで約90分
熟成	1週間

白ワイン1本でマリネ肉本来の旨みで勝負する

パテ・ド・カンパーニュ

880円 ルセットは115ページ

ビストロ ボアドック 中島忠昭

香辛料は黒こしょうだけ。白ワインを丸ごと1本贅沢に使い、3日間マリネして肉自体の旨みを最大限に引き出した。白ワインを使うのは、酒の香りを表に出さずに、爽やかな風味で肉の香りを引き立たせたいからだ。漬け込む時間が長いほど、熟成されて旨みが増す。肉のエキスが溶け出たマリネ液は⅔量まで煮詰めてファルスに混ぜ込み、旨みを余さず閉じ込める。

焼成にはスチームコンベクションを使い、均一な火入れを目指す。このとき、テリーヌ型をラップで密閉し、素材自体が持つ水分で蒸し焼き状態にする。こうすれば、味や香りがいっさい逃げ出さず、味が浸透していく。

ごく薄く切ったベーコンを型に敷き、ベーコンの脂が持つ旨みと塩味をプラス。ベーコンの鮮やかな色が見た目にも美しさを添えてくれる。

正面の扉は全面開放し、テラスのような気持ちのよい雰囲気。

Points importants

主材料	【豚肩肉】:【豚のど肉】:【鶏レバー】 10 : 9 : 2
塩	主材料の 1.6%
野菜と香草	玉ねぎ、にんにく
香辛料	黒こしょう
アルコール	白ワイン
マリネ	3日間
火入れ	95℃のスチームコンベクションオーブンで 75 分、芯温 58℃に
熟成	1日以上

Chapitre* 4

Italian
Spanish
American
Asian

ジャンルを超えた普遍的なおいしさ

フレンチだけではない
パテ・ド・カンパーニュ

知名度が高まり、メニューにあるだけで安心して頼める
パテ・ド・カンパーニュは、いまやフランス料理だけではなく、
イタリアン、スパニッシュ、アメリカン、大衆酒場など、
幅広いジャンルの店でも欠かせない定番になった。
その店の看板食材を取り入れたり、
日本酒との相性を考えたり、店のコンセプトに合わせて
作られたパテ・ド・カンパーニュを紹介しよう。

PHOTO MURAKI HAZUKI

燻香で引き立つ肉の旨み スモークナッツで華やかさを演出

パテ・ド・カンパーニュ 3種のスモークナッツのクリスプ

780円 ルセットは115ページ

クッチーナ
イタリアーナ アリア
山田佳則

ミートローフのような「ポルペットーネ」など、イタリアにも挽き肉料理は多いが、知名度の高いパテ・ド・カンパーニュは、絶対にはずせないメニューだ。アリアでは、3種のスモークナッツを上に飾り、華やかな仕立てで供している。パテに混ぜ込まないのは、美しさのためだけではない。混ぜるとナッツがパテの水分を吸収し、せっかくの食感やスモークの香ばしさが失われてしまうからだ。

ファルス自体はスパイスとアルコールを控えめにし、卵も加えず、細かく刻んだ背脂だけでつなぐ。シンプルな配合で、ナッツの燻香と豚肉の相性を楽しめるよう工夫した。

そのぶん、焼成の仕上げには、蓋をはずして上面を焼きつけ、出てきたジューの旨みを表面にまとわせる。焼いた肉ならではの食感と香ばしさをプラスすることで、肉自体の味わいをさらに引き立たせた。

壁の手描きイラストなど、シックな中に手作りの温かさが感じられる店内。

Points importants

主材料	【豚肩ロース肉】5：【豚ロース肉】4：【豚の背脂】3：【鶏レバー】3
塩	主材料の1.5％
香辛料	黒こしょう、ナツメグ
野菜と香草	玉ねぎ、にんにく
アルコール	ルビーポルト酒、ブランデー
マリネ	しない
火入れ	湯煎、160℃のガスオーブンで1時間、蓋をはずして30分
熟成	しない

3段階熟成で引き出す濃厚な旨み

ワインホール神田小西　中里 寛

「ノーブランドの豚でも、うまく熟成させれば味が凝縮した力強いパテが作れる」と話す中里シェフは、旨みを引き上げるために、3段階に分けて熟成を行う。

まず、豚肉はかたまりのまま10日熟成させ、肉自体のアミノ酸を増幅させる。次に、ファルスを4〜5日熟成。肉にマリネ液の味を浸透させるだけでなく、塩や野菜の成分で肉自体の旨みを引き出すのが目的だ。焼成後は味に一体感を持たせるために2日間寝かせてから提供する。

熟成は、環境や肉の種類によって進み具合がまったく異なるため、それぞれに合った温度・湿度の管理が不可欠だ。豚肉の場合は特に乾燥が大敵。店ではパテの熟成専用冷蔵庫を用意し、湿度には細心の注意を払う。また、仕込む分量によっても熟成の度合は変わってくるので、必ず同じ分量、同じボウルを使ってファルスを作り、1日1回かき混ぜてまんべんなく空気にふれさせ、熟成を促しているという。

元倉庫を改築した酒屋直営のワインホールは、吹き抜けで開放感抜群。

パテ・ド・カンパーニュ

750円

ルセットは117ページ

Points importants

主材料	豚肩肉、豚肩ロース肉、豚のど肉を合わせて【赤身】：【脂身】 7：3 ：【鶏白レバー】肉に対して約22％
ガルニチュール	ピスターシュ
塩	主材料の約1.8％
香辛料	グリーンペッパー、エルブドプロヴァンス、白こしょう
野菜と香草	玉ねぎ、エシャロット、にんにく、パセリ、セージ
アルコール	ブランデー
マリネ	４〜５日間
火入れ	湯煎、160℃のガスオーブンで75分
熟成	かたまり肉で10日間、焼成後２日間

プレスしながら低温焼成し、安定した仕上がりに

ポークストック　諸橋新之助

豚を半頭買いするポークストックにとって、保存性が高く、端肉で作れるパテ・ド・カンパーニュはなくてはならない存在だ。

諸橋シェフが使用するのは、鹿児島県大隅半島で、荒地再生のために放牧される「肝付豚」。生産者の考えに賛同したのがきっかけだったが、半野生状態で育つ肝付豚は、筋肉質で赤身に強い旨みがあるうえ、脂の融点が通常の豚に比べて低く、口溶けが非常によい点が大いに気に入った。

豚肉の個性を存分に感じてもらいたいので、パテには酒をいっさい使用しない。肉は先に塩だけでマリネし、余分な水分を抜いて味を凝縮させておく。

もっとも個性的なのは、「プレスしながら90℃のオーブンで焼く」という火入れ方法。低温ならプレスしながらでも肉汁はほとんど逃げ出さず、内部にできる気泡や焼き縮みが防げ、仕上がりが安定するそうだ。1人で調理場に立つシェフならではの工夫である。

放牧肝付豚のパテ・ド・カンパーニュ

600円

ルセットは116ページ

Points importants

主材料	【豚端肉】（赤身と脂身が半量ずつ）8 ：【ベーコン】1 ：【鶏レバー】1
塩	主材料の1.5％
香辛料	カイエンヌペッパー、キャトルエピス、マスタードシード、コリアンダーシード
野菜と香草	にんにく、しょうが、ローリエ
アルコール	なし
マリネ	肉だけで12時間（一晩）、ファルスにして12時間（一晩）
火入れ	90℃のコンベクションオーブンで90分
熟成	1週間

壁の白いレンガが特徴的。カジュアルながら落ち着いた雰囲気。

ソーセージの技術を応用 〝エマルジョン〟が独特の食感を生む

ミート&ベーカリー タバーン
松浦寛大

パテ・ド・カンパーニュ

650円

ルセットは116ページ

「脂分と水分の結着を何より重要視する」という松浦シェフは、ソーセージ作りに不可欠な「エマルジョン（乳化）」の技術をパテに応用する。エマルジョンが成功したパテは、焼き上がったときに肉汁がほとんど出ず、ジューシーでむっちりした独特の食感になるそうだ。

肉は肩肉が最適。赤身と脂のバランスが7対3とバランスがよく、適度に水分も含んでいるため乳化しやすい。ミンサーで挽いたら5℃以下まで冷凍庫で冷やし、塩だけでよく練り合わせる。温度が高かったり、塩以外の材料を加えて練ると、うまく乳化しないという。

さらにジューシーさを求めるため、多めの豚レバーと豚血を使用して水分を補い、同時に深い香りとコクも加える。また、プレスは行わず、最大限まで水分を閉じ込めた。

Points importants

主材料	【豚肩肉】：【豚レバー】：【豚血】 6 ： 1 肉に対して約9％
ガルニチュール	ピスターシュ
塩	主材料の約1％
香辛料	黒こしょう、キャトルエピス、ナツメグ
野菜と香草	玉ねぎ、にんにく
アルコール	アルマニャック
マリネ	12時間（一晩）
火入れ	湯煎、130℃のガスオーブンで90分〜105分、芯温55℃▶余熱で芯温65℃に
熟成	3日以上

ベーカリーとレストランが共存したニューヨークスタイルの店。

2種のレバーを組み合わせ、理想の香りとまろやかさを追求

豚肉と白レバーの田舎風パテ

800円 ルセットは117ページ

クイーンオブチキンズ 松浦雄太

ロティサリーチキンを看板メニューに掲げ、注目を浴びている新スタイルのバルだが、新橋本店2階にある「ゲストハウス」では、本格的なフランス料理も提供している。

松浦シェフのパテは、レバーの使い方が特徴的だ。豚レバーと白レバーの2種を使い、豚レバーの香りを生かしながら、白レバーのまろやかさで食べやすく仕立てる。このとき、3分の2は肉と一緒に挽き、残りは手切りして、軽く炒めてファルスに合わせる。レバーの香りを全体に行き渡らせながら、食感や味にも変化をつけるのが狙いだ。

フランスで市販されている家庭用のパテ・ド・カンパーニュ専用エピスも、松浦シェフの味を決定づける。キャトルエピスに比べてワイルドな香りで、強烈な個性を引き出してくれる。20年近く愛用しているそうだ。

ゲストハウスはボックス席もあり、パーティーにも活用される。

Points importants

主材料	【豚肩肉】1：【豚バラ肉】1：【豚のど肉】1：【豚レバー】肉に対して40%、【鶏白レバー】肉に対して30%
塩	主材料の0.9%
香辛料	白こしょう、パテ・ド・カンパーニュ専用エピス グリーンペッパー
野菜と香草	玉ねぎ、にんにく
アルコール	マデラ酒、コニャック
マリネ	1日
火入れ	湯煎、150℃のガスオーブンで90〜100分
熟成	2日以上

Italian,Spanish
American
Asian

強い火入れに耐えられる配合で芯温80℃でもしっとり

ラスボカス　大山哲平

定番 パテ・ド・カンパーニュ

800円　ルセットは118ページ

スパイスと酒を強めに効かせた複雑な風味が魅力。かぼちゃの種で食感にも変化をつけ、バランスのよい味わいに仕上げている。

低温長時間焼成のパテが多いなか、大山シェフは中心温度を80℃近くまで上げる。しっかりした火入れで、肉の旨みや独特の食感を生かすためだ。ただ、高温で焼くとどうしても水分が抜けてパサつきやすいので、生クリームを加えて練り上げ、しっとり感を保持できるように工夫している。

また、レバーは豚より食べやすい鶏レバーを使用し、よく血抜きしてからペースト状にして加える。こうすれば、レバーの香りは抑えながら、特有の粘りや口当たりのなめらかさで、しっとり感をより高められる。

短時間の仕込みでも求める味を的確に引き出す、作業性の高さも注目に値する。

レンガ造りの階段を降りた先、半地下にある隠れ家的で落ち着いたバル。

Points importants

主材料	【豚肩肉】5：【豚挽き肉(もも肉など)】5：【鶏レバー】4
ガルニチュール	かぼちゃの種
塩	主材料の約1.9%
香辛料	白こしょう、ナツメグ、エルブドプロヴァンス、キャトルエピス
野菜と香草	玉ねぎ、にんにく
アルコール	ルビーポルト酒、コニャック
マリネ	しない
火入れ	湯煎、200℃のガスオーブンで30分▶170℃で60分
熟成	しない

ピクルスで インドらしさを添える

オリエンタルビストロ 桃の実
瀬島徳人

ガリシア栗豚の パテ・ド・カンパーニュ

1000円

ルセットは118ページ

インド料理店で腕をふるってきた瀬島シェフは、「おいしいパテ・ド・カンパーニュを作りたい」という思いから、ビストロの門を叩き、一から修業を積み直した。

「豚らしさが引き立つパテ」を求め、さまざまな品種を試した結果、行き着いたのが繊維質が多く、力強い赤身と上品な甘味の脂を合わせ持つ、スペインのガリシア栗豚だった。

レバーも試行錯誤を繰り返し、豚レバーの香りに鶏白レバーの甘味やコクを補うことで、味がまとまってきたそうだ。

焼成後は蓋をはずし、サラマンダーで上面の網脂を焼いて香ばしさをまとわせる。プレスは短時間にとどめ、目の詰まり方にあえてむらを作り、食感に変化をつける。

パテ自体はフランス料理本来の味わいを忠実に守りながら、つけ合わせのピクルスにレモングラスなどのハーブやスパイスを多用。エキゾチックな香りで、瀬島シェフならではの一皿に仕上げている。

Points importants

主材料	【豚肩ロース肉】:【豚レバー】:【鶏白レバー】 10 : 1 : 1
塩	主材料の約1.5%
香辛料	黒こしょう
野菜と香草	玉ねぎ、にんにく
アルコール	ブランデー、白ポルト酒
マリネ	レバーだけで12時間(一晩)、ファルスで12時間(一晩)
火入れ	湯煎、170℃のガスオーブンで45分▶
	150℃で15～20分▶サラマンダーの近火で数分
熟成	1週間

エメラルドグリーンの扉が印象的な、カフェのような可愛い店構え。

仕上げの「焼き」で、日本酒とのマリアージュを狙う

ツイテル 和
髙橋篤史

焼きパテ・ド・カンパーニュ

600円 ルセットは119ページ

熟成肉と日本酒のマリアージュをコンセプトに掲げ、パテ・ド・カンパーニュも日本酒との相性を意識してアレンジ。切り分けたパテの表面にマスタードを塗り広げ、パン粉をまぶして焼き上げた。

焼くことでマスタードの酸味にキレが出て、日本酒の甘味と見事にマッチする。また、背脂が溶け出し、冷たい状態よりもジューシーさが増す。

パテ自体は、クセのないまろやかな味わいと、ふっくらとした食感。白レバーを使い、生クリームや牛乳、卵などのつなぎも多めに配合し、しっかり練り上げることで、より軽やかに仕上げた。粗挽き黒こしょうを網脂にふりかけてからファルスを包み、味を引き締めている。

築50年以上の古民家を改装。和の空気が融合している。

Points importants

主材料	【豚挽き肉】：【背脂】：【ベーコン】：【鶏白レバー】 70％　7.5％　14.5％　約8％
塩	主材料の1.1％
香辛料	キャトルエピス、黒こしょう、ナツメグ
野菜と香草	玉ねぎ、にんにく、パセリ
アルコール	ルビーポルト酒、ブランデー
マリネ	12時間（一晩）
火入れ	湯煎、180℃のガスオーブンで130分、芯温65℃に
熟成	しない

酒を使わず、肉本来の味を引き立たせる

やきとんひなた
代表 辻 英充
店長 松崎丈幸

「和」いう枠組みから離れ、やきとんを自由な発想で楽しんでもらいたい。そんな思いから、ひなたでは、ワインを豊富に取り揃え、パテ・ド・カンパーニュやレバーペーストをはじめとした、肉を使ったバルメニューを開店当初から取り入れている。

看板メニューのパテは、利益度外視で力を注いだ甲斐があり、ワインを飲む客だけでなく、幅広い層の人気を獲得しているそうだ。

端肉を使うと、その日の脂と赤身の割合によって味が大きく変わってしまうので、味の濃い肩肉と脂に旨みがあるバラ肉をパテ専用に発注し、仕上がりを安定させている。酒は使わずに肉本来の味わいを全面に押し出し、レバーは控えめの配合ながらペーストにして混ぜ込み、まんべんなく香りを行き渡らせる。くるみと松の実を加えて食感に変化をつけ、あきのこないおいしさを目指した。

パテ・ド・カンパーニュ

380円 ルセットは119ページ

Points importants

主材料	【豚肩肉】:【豚バラ肉】:【鶏レバー】 : 【背脂】 4 : 3 : 2　肉に対して約7%
ガルニチュール	くるみ、松の実
塩	主材料の約2%
香辛料	黒こしょう、エルブドプロヴァンス
野菜と香草	玉ねぎ、にんにく
アルコール	なし
マリネ	しない
火入れ	湯煎、ガスオーブンの弱火で42分、芯温63℃に
熟成	しない

開店前には行列ができるほどの人気店は、暖簾が目印の気取らない店構え。

野菜が主役 やさしい味わいで 田舎風を表現

鴨スモークといろいろ野菜の パテ・ド・カンパーニュ

500円 ルセットは120ページ

アルボール神楽坂 加藤友則

野菜料理に定評のあるイタリアンが提案するのは、野菜を主役にしたパテ・ド・カンパーニュ。季節の野菜や茸を5～6種類加え、色鮮やかに仕上げている。あえて「カンパーニュ」と名づけたのは、「田舎風」という言葉の暖かな響きが、パテのやさしい味わいにマッチしたからだそうだ。

味つけは最低限にとどめ、レバーもまったく加えず、肉の旨みだけで野菜の味わいを引き立たせる。そのぶん、豚肉自体に旨みが強くなければ味がぼやけてしまう。そこで選んだのが、鹿児島産の六白黒豚。おもにしゃぶしゃぶ用に使用される豚肉で、濃厚な旨みを持ち、ジューシーなのが特徴だ。

開店当初は豚肉と野菜だけで作っていたが、鴨スモークと豚の耳も加えることで食感に変化がつき、野菜の味わいがいっそう引き立った。また、豚耳のゼラチン質はつなぎの役割も果たす。

石畳の途中にある一軒家レストラン。
屋上には自家菜園も。

Points importants

主材料	豚挽き肉
ガルニチュール	季節の野菜、鴨肉のスモーク、豚の耳
塩	主材料の 0.8%
香辛料	黒こしょう
野菜と香草	玉ねぎ
アルコール	ルビーポルト酒、カルヴァドス
マリネ	しない
火入れ	湯煎、150℃のガスオーブンで 90 分
熟成	しない

Chapitre*5

食肉加工の専門技術が冴える お持ち帰り、お取り寄せの パテ・ド・カンパーニュ

お取り寄せ　お持ち帰り

パテ・ド・カンパーニュの店頭でのお持ち帰り、通信販売でのお取り寄せが、全国に広がりつつある。ハム・ソーセージの専門店、精肉店、豚の生産者など、食肉加工の専門家たちが手がけるものが多く、作り手の独自性だけでなく、地方色も表現されやすい。料理人とは異なる視点と製法で作られたパテ・ド・カンパーニュには、個性派が揃っている。

豚生産者が手がけるシャルキュトリー

久慈ファーム

お取り寄せ

五穀パテ・ド・カンパーニュ
120g　740円

岩手県のブランド豚「折爪三元豚・佐助」で知られる久慈ファーム。生産者みずからリヨンで学び、本格的なシャルキュトリーを手がけている。佐助豚は、脂の融点が通常に比べて低く、パテも口に入れると体温でとろけるのが特徴。レバーや網脂もすべて、処理したての鮮度のよい状態を使用するので、香りが違う。

「岩手らしいパテカン」をキーワードに、地元の食文化をパテに投影し、ファルスに雑穀を加えている。南部鉄器製のテリーヌ型も試作中。型は一般販売も予定している。

岩手県二戸市下斗米字十文字50-12
☎0195-23-3491
http://www.sasukebuta.co.jp

家庭でアレンジできる、自由度の高いパテ

中勢以（なかせい）

田舎風テリーヌ
100g　810円（本店の価格）

熟成肉の名店が提案するパテは、香辛料などを必要最低限にとどめたシンプルな配合。店で扱う肉のおいしさをストレートに伝えることを前提に、「家庭でひと手間加え、自分好みの味を完成させてほしい」という思いから、あえてプレーンな味わいに仕上げている。

基本は豚肉100％だが、ルセットは各店舗のシェフに任せているため、牛肉やレバーを加えていたり、焼成方法が異なっていたりと、店舗ごとの工夫を凝らしており、違う味が楽しめる。通信販売では、本店製を取り扱っている。

お取り寄せ　お持ち帰り

本店
東京都世田谷区玉川田園調布2-8-1
☎03-5755-5678
http://www.naka-sei.com

北店・内店
東京都文京区小石川5-10-18
☎03-3830-0491

サカナの中勢以
東京都中央区日本橋室町2-3-1　コレド室町2 B1
☎03-6262-3232

フランス伝統の味を「日本人向け」に究めたおいしさ

フロ プレステージュ

お持ち帰り

パテ・ド・カンパーニュ
100g　420円

2004年からデリを扱う一部の店舗で販売され、2015モンドセレクション金賞受賞を機にデリ全店で販売されるとたちまち人気ナンバーワンに。日本人向けに研究を重ね、肉のかたまりを残しながらハーブや下処理でレバーの香りは極力抑え、生クリームのなめらかさを加え、なじみ深い味わいに仕上げている。琥珀色のジュレソースをたっぷり添えてくれるのも人気の秘訣。

FLOはパリで1886年にブラッセリーとして誕生し、1987年に表参道で1号店をオープンしてから現在は100店舗以上を展開している。

店舗　関東・中部・東海・東北
本社　株式会社フロジャポン
東京都武蔵野市西久保1-6-14
☎0422-37-5267
http://www.flojapon.co.jp

ドイツの製法で作る旨みの強いパテ

ハム工房ジロー

パテ・ド・カンパーニュ
152g（1パック）　1000円

　ドイツ伝統のハム・ソーセージ製法でアレンジされたパテ・ド・カンパーニュ。塩と砂糖で肉を漬け込む「乾塩法」を用い、旨み成分が増した熟成肉で作っている。砂糖は先代からのやり方を引き継ぎ、三温糖を使用。上白糖やグラニュー糖よりも、コクを出せるという。レバーが苦手な人でも食べられるよう、肉の配合を増やし、香辛料とパセリをたっぷり効かせたインパクトの強いパテである。

お取り寄せ　お持ち帰り

神奈川県茅ケ崎市高田5-2-26
☎0467-54-8604
http://www.ham-jiro.jp

自家製ベーコンの旨みをファルスに移す

お取り寄せ　お持ち帰り

稲垣腸詰店

パテ・ド・カンパーニュ
100g　500円（店頭価格460円）

　飛騨高山の名店「キュルノンチュエ」で修業を積んだご主人が営むシャルキュトリー専門店。地元・愛知県産の豚肉をロボクープで不揃いに挽き、噛み応えを出すことで、カンパーニュらしい素朴な味わいに仕立てる。型に自家製のベーコンを敷き込んで焼き、ベーコンの旨みをファルスに移すのもポイントだ。

　鶏レバーをたっぷり加え、芯温70度まで焼いてもなめらかな口当たりになるよう調整している。

愛知県岡崎市岡町字恵源前58-1
☎0564-54-4342
http://www.inagakiya.com/index.html

ブルゴーニュ地方の飾らない家庭の味

ル・ジャルダン・ゴロワ

田舎風のテリーヌ
100g　380円

ブルゴーニュにあるシェフの生家では、年に１度、豚を１頭飼い、ママンがさまざまな料理やシャルキュトリーに加工していたそうだ。そんな家庭の味をそのまま再現したのが、ル・ジャルダン・ゴロワのパテ・ド・カンパーニュ。こしょう以外のスパイスは使用せず、パセリをたっぷり加えて爽やかな香りに仕上げる。豚肉は手切りならではのゴツゴツとした食感。しっかり焼き込み、芯まで火を通した豚肉特有の旨みを生かす。シンプルで飾らない、ブルゴーニュの日常の味である。

荻窪店
東京都杉並区荻窪5-23-13
☎03-3391-5025
東中野店
東京都中野区東中野3-1-17
☎03-3227-0161
http://www.lejardingaulois.com

35年以上変わらぬ味で愛される

KINOKUNIYA

パテ・ド・カンパーニュ（スライス）
55g　360円

1978年にシャルキュトリーの販売をはじめた紀ノ国屋。2013年に販売を開始したスライスパックは、その当時から受け継がれた製法・配合を忠実に守っている。

そんな紀ノ国屋のパテは、国産豚のネックとレバー、エシャロット、にんにく、ブランデーといった、基本的な材料でシンプルに作られる。レバーの香りは効かせすぎず、日本人が食べやすい、やさしい味わいだ。

KINOKUNIYA　インターナショナル（青山店）
東京都港区北青山3-11-7 Aoビル地下1F
☎03-3409-1231
http://www.e-kinokuniya.com

料理人が作る足し算のおいしさ

リンデンバーム

テリーヌ・ド・カンパーニュ
50g　350円
ブルーチーズ入り　50g　450円

「アルザス地方のシャルキュトリー」がテーマの京都にある専門店。フレンチレストランで長年腕をふるってきたオーナー・シェフが求めるのは、さまざまな素材の旨みが融合した「足し算」のおいしさだ。そのため、パテ・ド・カンパーニュはプレーンタイプだけでなく、ブルーチーズ入りも作っている。

ファルスはあまり練らず、口の中でほどけるような食感。レバーとチーズを大きめに切ってファルスに混ぜ込むことで、味わいに変化をつけている。

お取り寄せ　お持ち帰り

京都府京都市左京区東丸太町41-6
☎075-751-0786
http://www.linden-baum.jp

熟成肉と仔羊レバーが生む濃厚な旨み

エイジングミート&デリカテッセン　旬熟成

お取り寄せ　お持ち帰り

パテ・ド・カンパーニュ
100g　600円

自家製熟成肉の炭火焼レストランが新たにはじめた熟成肉とシャルキュトリーの専門店。パテには、自店で販売している豚肉のほか、長野県産のサフォーク種仔羊レバーを使用。甘味が強く、あっさりしていて臭みがないのが特徴だ。レバーの甘味と、熟成肉の旨みだけで十分濃厚な味に仕上がるため、調味料は塩、こしょうだけにとどめ、食感のアクセントにピスターシュを加えている。

通信販売では熟成肉とオードブルのセットのみの販売。

東京都港区西麻布4-17-19　1F
☎03-6450-6516
http://www.amd-shunjyukusei.net

フランス人シェフが作る伝統の味

ジャンルックラビオン

パテ・ド・カンパーニュ
100g　540円

1983年創業、ロワール地方出身のフランス人シャルキュティエが営む老舗である。防腐剤やアミノ酸を使用せず、昔ながらの製法で作られる伝統的なパテ・ド・カンパーニュは、豚肉の旨みと豚レバーの香りが非常に豊か。なめらかな食感で、塩やスパイスをしっかり効かせ、フランス人好みのする濃厚な味に仕上げてある。

函館には、シャルキュトリーを堪能できる屋台スタイルの「ら ぶべっと」、名古屋にはロワール地方の料理とワインが堪能できるレストラン「ラ・マルミット」もある。

お取り寄せ　お持ち帰り

北海道函館市日の出町18-5
☎0138-55-8810
http://www.jl1186.jp

ハム屋らしい、むっちりとした食感

シャルキュトゥリ・コイデ

お取り寄せ　お持ち帰り

パテ・ド・カンパーニュ
80g　590円

自家製ロースハム、ベーコン、ウィンナーを中心としたデリカテッセン。「ハム屋のパテ・ド・カンパーニュ」をコンセプトに掲げる。2度挽きした豚肉をソーセージ用ミキサーで練り合わせ、ファルスは低温で3時間じっくり火入れする。なめらかで口溶けがよく、それでいてむっちりとした独特の食感が特徴的だ。レバーは鶏と豚を半量ずつブレンドし、複雑な風味に仕立てている。

竹の山店
愛知県日進市竹ノ山2-1920
☎0561-74-6008
http://www.charcuteriekoide.com

現地でシャルキュトリーを学んだ
第一世代の料理人であり、
日本でいち早く1980年に
メニューに入れたフレンチ界の重鎮、
酒井一之シェフに聞く

パテ・ド・カンパーニュの昔といま

肉を挽いて
シャルキュトリー作りに
勤しむ
ヴァンセーヌ時代。

地方の数ほどあるパテ

『新ラルース料理大事典』の、パテの項にはこうある。

加熱して作る豚肉加工品および料理。温製にも冷製にもする。フランスの地方の数と同じくらいの種類がある。

パテは本来、金属製の型に生地pâtéを敷き、ファルスを詰めて生地で覆って焼いた「パティスリー」のひとつで、陶製や磁器製の型に豚の背脂を敷いてファルスを詰めて焼く「テリーヌ」とは区別していた。

しかし現在では、単にパテという場合はテリーヌを指し、「パテ・ア・トランシェ pâté à trancher（切り分けるパテ）」とも呼び、本来のパテは「パテ・アン・クルートpâté en croûte（パイ包みパテ）」という。テリーヌという言葉は、高級な材料を用いたパテを指すことが多くなっている。

パテ・ド・カンパーニュはパテ・ア・トランシェの筆頭に挙げられているものの、解説はたったこれだけだ。

Pâté de campagne「田舎のパテの意」は、材料の肉とアバabatsは豚に限り、粗めに刻んで作る。

フランスでは古い時代からギルド（同業者組合）制度が発達した。各ギルドはおのおの権益を守るため、作ってよいものといけないものをはっきり線引きし、パテやソーセージはシャルキュティエ（食肉加工技術者）の独占分野だった。

つまり、パテやソーセージなどの食肉加工品は、キュイジニエ（料理人）の仕事ではなかったということだ。

ギルド制度が解体した現代では、キュイジニエが豚肉加工品を作ってはならないというルールはないが、酒井シェフが知るかぎりでパテ・ド・カンパーニュを手作りしているホテル、レストラン、ビストロ、カフェはほとんどなく、みな専門のシャルキュトリーで購入し、提供するのが普通だったそうだ。

もっとも重要なのは衛生管理

酒井シェフが暮らした60年代から80年代にかけてのフランスは、クラシックからヌーヴェル・キュイジーヌへと移り変わる激動の時代だった。

当時、渡仏していた日本人のほとんどが最先端のレストラン料理を学ぶために三つ星での修業を望んだのに対し、酒井シェフはフランス人が日常的に食べている庶民の味を徹底的に理解することを目標にした。

その一環として、ホテル・メリディアン・パリの副料理長時代、地方の支店に派遣されるたびに地元で一番のシャルキュトリーを紹介してもらって、パテやソーセージ、リエット、リヨン、ブーダン……各種の製法を覚えた。現地でシャルキュトリーを身につけた料理人として、酒井シェフは第一世代に当たる。

とりわけ驚いたのは、腸に内臓類を詰めるアンデュイエットだったという。工場の中でそこだけ仕切った部屋で製造され、一歩足を踏み入れると日本では体験したことのないほどの強烈な匂いが立ちこめていたそうだ。匂いにはすぐ慣れ、シャルキャトリーにおける厳重な衛生管理には感心させられることが多々あったという。

いま、酒井シェフは日本でのパテ・ド・カンパーニュ人気を喜ばしく思う反面、生半可な知識で作られることを危惧している。

「豚肉は加熱殺菌するのが常識だったはずが、浅い火入れで提供する店も少なくない。しかもパテ・ド・カンパーニュにはレバーが入るのだから、味よりまず最重視すべきは衛生面だろう」

本来なら専門職が手がけるパテを料理人が作るには、十分な覚悟と勉強が欠かせない。一件でも食中毒事件が起きれば、全体がダメージを受けてしまう。豚の肉・内臓類の生食が全面禁止となった現在では、とくに気をつけたい点である。

「庶民の味」が軽視された80年代

70〜80年代、東京や大阪に「ビストロ」と名のるフランス料理店は何軒かあった。だが、ほとんどは高級なレストラン料理を志向していた。

そのなかで80年にオープンした「ヴァンセーヌ」は、毎日でも通いたい気持ちになる、しみじみとおいしい料理を提供していた。

パテ・ド・カンパーニュ、ブーダン・ノワール、クスクスをいち早くメニューに入れたのは酒井シェフである。

その頃の日本は、第一次フランス料理ブームがまさに起ころうとし、フランス帰りの若きシェフたちが本場仕込みのヌーヴェルを再現しようと燃えていた時期。彼らにとっては打破すべき「伝統食」を尊重する酒井シェフの姿勢は、嘲笑を買うことも少なくなかったという。

さすがにブーダン・ノワールは当時の日本人にとって抵抗感が大きすぎたのか、当初はなかなか注文してもらえなかったが、パテ・ド・カンパーニュは最初から評判がよかったそうだ。

その後、90年代になるとブーダン・ノワールを作る店が現れはじめたが、他店で食べた人から「酒井さんのブーダンと違って、酸っぱい」という感想をよく聞かされたという。

豚の血が主材料のブーダン・ノワールは足が速いため、酒井シェフは作った日から3日間で使いきることにしていた。酸っぱかった原因は、酸化だった可能性が高い。しつこいようだが、ブーダン・ノワールがかなり普及した今日、衛生管理の徹底がますます求められる。

大切なのは原点の旨さを知ること

酒井シェフがメニューに載せてから35年の年月が経った現在、パテ・ド・カンパーニュはフレンチを超えて多様な飲食店に浸透し、百人のシェフがいれば百通りの味が花開いている。

いつでもグルメブームとは一線を画し、ほっと一息つきながらほのぼのと食べられる料理を作り続けてきた酒井シェフだから、典型的な庶民の味、田舎料理であるパテ・ド・カンパーニュに対する若いシェフたちの探究心は、微笑ましく映る。

その反面、こうも感じてしまうという。

「フランス人にとって田舎風パテは、たとえてみれば私たちにとってのカマボコ類のようなもの。伝統に則って作るものだから、土地や店によって材料に多少の変化はあっても、大筋はなかなか変えづらいし、変えたいとも思わない。

私たち日本人にとってパテは外来の食べ物だから、改良の手を加えやすい。フランス人が思いもよらぬ革新的なパテが生み出されているのは素晴らしいことだ。

だが、たくさん手を加え、時間とコストもかけた結果、たしかに見映えはよくなり、お金をいただける料理になったかもしれないが、はたしてベーシックな味を凌いだといえるだろうか？　よりよい改良のために必要なのは、まず原点のおいしさを知ることだ」

外国であまりにアレンジされすぎた「スシ」は、日本人には「鮨」と認めがたいし、食べる気も起こらない。パテ・ド・カンパーニュも同様、パテ・ド・カンパーニュらしさだけは失われてはならないだろう。

PÂTÉ DE CAMPAGNE BRETON

田舎風パテとして フランス初のIGPラベル認可

パテ・ド・カンパーニュ・ブルトン

昔から豚肉加工品が発達するブルターニュ地方が誇る田舎風パテは 豚のど肉、豚レバー、豚皮、玉ねぎが基本材料

Text by Mihoko Sasajima 笹島美穂子

ブルターニュ地方の田舎風パテが、2013年の11月、フランスのパテ・ド・カンパーニュとしては初めてのIGPラベルに認可され、14年5月に施行された。

IGPとは欧州議会が規定する地理的表示保護で、独特の風土や食文化に由来する農畜産物や加工品の土地との結びつきを考慮し、「EUお墨付きの特産品」と定めてラベル認証する制度である。

ブルターニュ地方は昔から養豚が盛んで、保存が利いて内臓まで無駄なく利用できるシャルキュトリーと呼ばれる豚肉加工品が発達した。特にパテは、用途の少ない皮部分を材料にできる利点があったため、欠かせない加工品として浸透した。

細かな規定で 伝統的パテの製法を整備

伝統的なパテ・ド・カンパーニュ・ブルトンは、粗挽きで、この地でふんだんにとれる玉ねぎと豚レバーの深い味わいが特徴。IGPパテは、伝統的製法に基づく配合や加工法を遵守し、地理的にはブルターニュ地方全4県に隣のロワール=アトランティック県を加えた、ブルターニュ公国時代の歴史的地域圏内で加工されることが第一条件である。

味の決め手として使用を義務づけられた材料は、のど肉（皮なしで25％以上）、レバー（20％以上）、皮（茹でたもの5％以上）、玉ねぎ（生で5％以上）の4つ。暗めの色合いを出すレバーは玉ねぎと共に味にコクを出し、皮は食感、脂肪分が多いのど肉は練ることで粘りを出すつなぎに適している。

その他「許可」に分類された材料は、背脂などの固い脂肪、メーグル(注)と呼ばれる脂肪の少ない部分肉、ハツ（心臓）、ゼラチン質が豊富な頭の可食部で、この合計量を最大で全体の4分の1まで配合できる。

調味料の配合は全体の15％まで。好みに応じて使用が許可されたブイヨンや水（5％まで）、小麦やでんぷん類（3％まで）、卵（2％まで）、塩（2％まで）、砂糖（1％まで）、こしょう（0.3％まで）に加え、選んだ材料の合計量が全体の1.7％まで許可されたのが、にんにく、エシャロット、パセリ、ローリエ、タイムなどのハーブ類、豚のゼラチン、殺菌効果のある硝石、ロワールワインのミュスカデ、この地方でよく作られるシードル酒かその他のりんごベースの酒、シェシェンと呼ばれるハチミツ

(注) メーグルは、メーグル1と2の両方を差す。メーグル1は肩肉など脂肪がほとんどない部分。メーグル2は30〜40％脂肪を含む部分。肩バラ肉など。

Report from France

伝統的なブルターニュの粗挽きパテ・ド・カンパーニュ(右)。

パテ・ド・カンパーニュ・ブルトンの材料配合比率

義務	豚肉	のど肉（皮なし）	25％以上	合計55％以上
		レバー	20％以上	
		皮（調理済み）	5％以上	
	野菜	玉ねぎ	5％以上	
許可	豚肉	メーグル	合計25％以下	
		背脂などの固い脂肪		
		ハツ		
		頭の可食部		
許可	調味料	水、ブイヨン	5％まで	合計15％以下
		小麦、でんぷん	3％まで	
		卵	2％まで	
		塩	2％まで	
		砂糖	1％まで	
		こしょう	0.3％まで	
		にんにく	合計1.7％以下	
		エシャロット		
		パセリ		
		ローリエ		
		タイム		
		硝石		
		豚のゼラチン		
		ミュスカデ		
		シードル酒		
		リンゴベースの酒		
		シェシェン（ハチミツ酒）		

ＩＧＰパテ・ド・カンパーニュ・ブルトン推進ポスター。
ⒸADPPCB

酒である。

前述の肉類と玉ねぎをみじん切りする際は、特徴的な「粗挽き感」を目視できるよう、全体量が２００グラム以上なら直径８ミリ以上、２００グラム以下なら直径６ミリ以上の大きさにし、これらの材料は全体の75％以上にならなければならない。

仕上げには、ファルスが調理中にこぼれたり乾燥したりするのを防ぐ網脂を上表面に必ずかぶせ、数時間調理して中心温度を75度以上にする。焼き具合は、温度が下がるパン屋の石釜で焼かれていた昔にちなみ、外側は固くて茶色く、中は柔らかいのがよいとされている。

期待大のＩＰＧラベル効果

伝統食の地理的なつながりを守るＩＧＰ地理的表示保護は、品によっては取得後に売り上げが倍以上になる事例もあるほど、付加価値がつく可能性を秘めている。

パテ・ド・カンパーニュ・ブルトンも、地域ブランドとして今後ますます認知度を高め、グローバル化が進む食品市場において対外的な競争力をつけることだろう。

執筆者プロフィール
フランス在住16年。ブルターニュ地方を中心にした執筆と取材、コーディネートなどに従事。

パテ・ド・カンパーニュで一点突破した「レストランオギノ」の荻野伸也シェフに聞く

フレンチが家庭の惣菜になる日を目指しています

きっかけはリヨンで打たれた「雷」だった

　独立前になけなしの貯金をはたいてフランスを一か月、パリを起点に全土をぐるりと一周、放浪した。具体的な目的は待たず、店をはじめるにあたって「ヒント探し」の旅だった。

　もともとパテやテリーヌは、脈々と受け継がれた伝統食品という歴史的価値からも、断面の完成図を想像しながら構築するという工程の楽しさからいっても好きなジャンルではあったが、自分のスペシャリテになろうとは想像もしていなかった。

　それが覆されたのが、リヨンで出会ったパテ・ド・カンパーニュ。

　これまでの人生で、あまりの旨さで雷に打たれたような衝撃を受けた体験が2回だけあり、いまも味、香りとも鮮烈に記憶している。ひとつがモロッコで食べた「野菜のタジン」、そしてもうひとつがこのパテだった。

　ワイナリーでたまたま知り合った日本人に「観光客は絶対行かないが、抜群においしいシャルキュトリーがリヨン大学のそばにある」と教えてもらい、探し当てたその店でパテを一切れ買って、近くの公園で試食してみた。紙包みを開くと色が変わっていて見た目は何とも不味そうな雰囲気だ。ところが一口食べて「これかー」と叫んだ。材料がすべて渾然一体となり、口当たりはなめらかの極み。店に飛んで帰って材料を訊ねてみると、肉もレバーも豚のみで作られていることだけがわかった。

　その日から、あのパテを何とか自分で作れないか考え続けることになった。

　これもまた偶然なのだが、パリに戻ってネオビストロの先駆けとなった「ラ・レガラード」へ食事に行ったところ、オードヴル前のアミューズとしてパテ・ド・カンパーニュをキャセロールごと、山盛りのパンと一緒にドンと出されて、度肝を抜かれるという経験もした。

　自分で切って、好きなだけ食べていい。すごく格好いいスタイルだと感心した。

150キロの試作でついにルセットが完成

　パリの料理専門書店で手に入れたシャルキュトリーの教科書を手に帰国してから、さあ試作の日々が続いた。シャルキュトリー協会編著によるこの本で、「田舎風」を名のるパテは「豚だけで作られなくてはならない」ことをはじめて知ったのだった。

　ただ、豚のレバーは匂いが強すぎ、一般的な日本人にはリスキーだなと感じた。しかも、教科書に載っているのは肉よりレバーが多いルセット。焼成後、いったい何日目をピークに設定すればよいかという問題もある。

肉・レバー・脂が渾然一体となったリヨンの味を目標に、150キロくらいの肉を使って試し焼きをしただろうか。悩みに悩み、材料はもちろん、肉の挽き方、つなぎ方……さんざん試行錯誤を重ねた結果、完成したのがいまのルセットだ。

レバーは鶏に変えて量を減らし、卵だけでつなぎ、野菜はくたくたに煮詰めたペースト状で加える。また、熟成なしで、おいしく食べられるようにした。

なにより大きかったのが、鶏レバーに変えたこと。断然食べやすくなった。日本人のために作るものだから、本場の味を完璧に再現することより、まずマイナーではないメジャーな味、だれにでも勧められるベーシックな味を目指したが、正解だった。

「お好きなだけ」の最高記録はキャセロール1台完食

なにしろ都心から離れた住宅街に開く店だ。大多数のお客さまに「もう一度食べたい」と思っていただける看板商品を開発しなければならない。その必要性を痛切に感じていた。

パテは保存が効くとはいえ、回転は速いほうがいい。どうせだったら食べたいだけ食べてもらおうと、パリで感動したネオビストロの出し方を踏襲したのが「お好きなだけパテ・ド・カンパーニュ」。大きなキャセロールごと食卓に出して、自分で切ってもらう。ネーミングが新鮮だったのか、フレンチで食べ放題スタイルが面白がられたのか、雑誌などでも取り上げられて、評判になった。

口当たりは重くないが、脂もかなり入っているので、けっして軽くはない。いくら「お好きなだけ」といわれても、メインもデザートもあるので、そんなにたくさんは召し上がれないだろうと高を括っていたが、あるお客さまは1人で1台（2キロ）を完食したあとに、主菜を6皿も平らげてしまった。まだだれにも破られていない最高記録である。

「フレンチを家庭の食卓に」の一念で通販をスタート

おかげさまでお誉めの声を多くいただき、やがて「家に持って帰りたい」「人に贈りたい」というリクエストが増えるにつれ、次の展開を模索しはじめた。

外来の新しい食べ物は、家庭の食卓に上がって、はじめて大衆化したと呼べる。イタリア料理がいまのように大衆化したのは、家庭でパスタが作られるようになってからだ。

フレンチはどうかというと、わざわざ店に行かないと食べられない料理であり続けている。なんでもいい、フランス生まれの食品がコンビニやスーパーに並ぶ時代が来ないと、いつまでも堅苦しいイメージの枠を出られない。

その点、シャルキュトリー類はハムやソーセージになじんだ日本人には手に取りやすいはず。そこで通信販売を思い立ち、「パテ・ド・カンパーニュ通販」でインターネット検索してみると、なんとゼロだった。２００８年のことである。

これは自分でチャレンジしてみる価値がある。そう決断し、元の店舗をパテ専用の製造アトリエに設え、同じ池尻のもう少し広い場所にレストランを移転し、本格的なインターネット通販に着手した。

いま振り返ると、これが大きな転機だった。通販は最初から反響があり、デパートの催事からも声がかかるようになった。その後、とんとん拍子で店舗が増えて、いまではお惣菜専門店の「ターブルOGINO」を東京と湘南に4か所、「ヴィヴルアンサンブル」を札幌と旭川に展開している。

「ホットパテカンサンド」「パテカツ」……新しい味を企画する

なにもかもパテ・ド・カンパーニュが出発点だった。あのとき貯金を店の備品購入費用に充てたりして、フランスへ行かなかったら、現在のオギノはなかったかもしれない。パテを入り口に、シャルキュトリーのレパートリーが増えたのも、リヨンでの体験のおかげだ。パテ・ド・カンパーニュが人生を切り開いてくれたといっても過言ではない。

今日の「パテカン」人気は、嬉しいかぎり。本当にコンビニで売り出されそうな勢いだ。

それだけに、現状維持に満足してはならないと常に自戒し、お客さまにもっと新しい楽しみ方を提供したいと考えている。

そのひとつのアイデアが、「ホットパテカンサンド」。野菜やチーズ、ハーブと一緒にパンにのせ、プレスして焼き、熱々を食べてもらう。こんなのが屋台で買えたら楽しいだろう。実際、ある野外イベントではパン粉をまぶして揚げた「パテカツ」が大好評で、600個も売れたことがある。大きなかたまりで焼く「パテケバブ」も試してみたい。

「パテ＋マスタード＋ピクルス」で完結させず、ハムやソーセージのように、ここから自由に展開させていけば、バリエーションは無限だろう。

そのためにはしっかりした技術を磨き、クラシックなフランス料理の軸をぶれさせないことを、あらためて大切にしたいと思う。その上で、いろいろな味を企画できる店でありたい。

Recettes

カラーページで紹介したパテ・ド・カンパーニュのルセット

※テリーヌ型のサイズは内寸を表示しています。

「ロテスリーレカン」渡邉幸司

パテ・ド・カンパーニュとピクルス

カラー写真は46ページ

材料
長さ29.5cm×幅8cm×高さ6cmの
テリーヌ型1本分

豚肩ロース肉	500g
豚のど肉	500g
鶏レバー	250g
豚レバー	200g
鴨のフォワグラ	50g
塩	15g
白こしょう	3g
キャトルエピス	1g
グラニュー糖	2g
ルビーポルト酒	40mℓ
コニャック	30mℓ
硝石	1g
豚の背脂	60g
ピスターシュ	30g
パセリ（粗みじん切り）	10g
エシャロットのバターソテー	30g
にんにく（粗みじん切り）	8g
全卵	1個
豚の網脂	適宜
タイム	3本
ローリエ	1～2枚
にんにく（薄切り）	適宜
ラード	適宜
ピクルス	適宜
フルール・ド・セル、粗く砕いた黒粒こしょう、エクストラ・バージン・オリーブオイル	各少々

*エシャロットはみじん切りをバターで炒め、風味を出して水分をしっかり飛ばしておく。
*ピクルスは、メルフォールヴィネガー、水、グラニュー糖、塩、赤唐辛子、タイム、ローリエを煮立てた液に季節の野菜を漬け込んで作る。

作り方

肉とレバーをマリネする

❶ 肩ロース肉は、筋を掃除する。脂も切り取って、1.5cm角に切る。
❷ ❶の赤身の部分を5mm厚さにスライスし、さらに3cm長さの棒状に切る。
❸ のど肉は1.5cm角に切る。
❹ 鶏レバーと豚レバーはそれぞれ1時間流水でさらして血抜きをする。
❺ 水気を切ってから鶏レバーは筋と血合いを切り除く。
❻ 豚レバーは1cm角に切る。
❼ ❶の筋と脂、赤身、のど肉、鶏レバー、豚レバーをバットに分けて並べて塩とこしょう、キャトルエピス、グラニュー糖、ルビーポルト酒、コニャック、硝石をふり、手で揉み込む。塩とこしょうは最後の味調整用に少し取り置く。
❽ ラップをして一晩冷蔵庫でマリネする。

ファルスを作る

❶ 背脂は5mm角に刻み、ゆでこぼして余分な脂を抜く。焼いたときに溶けづらく、甘味や食感だけを生かすことができる。
❷ のど肉と、肩ロースからはずした筋、脂を中挽きにする。使用する刃は直径5mm。
❸ ❷をボウルに入れ、手で切った肩ロースの赤身を加える。
❹ 鶏レバーとフォワグラをフードプロセッサーで流れるくらいのペースト状にしてボウルに加える。完全なペーストにして練り合わせることで全体の風味が増す。
❺ 豚レバーはフードプロセッサーをガッ、ガッ、ガッと3回くらい短くまわし、粗く叩いたようなサイズにしてボウルに加える。繊維が引きちぎれた不揃いな食感が、パテ全体の一体感の要になる。
❻ ボウルを氷に当てて冷やしながら、しっかりと練り混ぜる。指を開き加減にして力いっぱい、全体がもったりとつながるまでひたすら練る。
❼ つながったら❶の背脂、ローストしたピスターシュ、パセリ、エシャロット、にんにく、全卵を加え、まんべんなく混ぜ合わせる。
❽ 少量を焼いて冷やしてから味見し、取り置いた塩、こしょうで調える。

型に詰めて焼き、寝かせる

❶ 型に網脂を敷き詰め、余分は外にたらしておく。
❷ ファルスを大きく丸めて空気を抜き、型に詰めていく。
❸ 表面をならして網脂で蓋をし、台に何度か叩きつけて空気を抜く。
❹ タイム、ちぎったローリエ、にんにくを並べてアルミ箔で蓋をする。
❺ 200℃、蒸気60％のスチームコンベクションオーブンで10分加熱する。
❻ 150℃に下げてさらに10分加熱する。
❼ 最後は100℃に下げて芯温55℃を目安に取り出す。
❽ アルミ箔をはずし、常温で粗熱を取る。
❾ サラマンドルにかざして表面の網脂に香ばしい焼き目をつける。
❿ 500g程度の重しをのせて常温で冷まし、完全に熱が取れたらそのまま冷蔵庫で1日冷やす。
⓫ 上面に固まった脂やジューなどを除き、型をきれいに磨き上げてから液状に溶かしたラードを表面に塗る。
⓬ 次にポマード状のラードで覆いつくし、ラップで密閉して冷蔵庫で10日から2週間寝かせる。

盛りつけ

❶ パテを2cm厚さに切り出し、4辺を切り落として皿に盛る。
❷ フルール・ド・セルと黒粒こしょうをふり、季節の野菜のピクルスを添え、オリーブオイルをスポイトで数滴たらす。

「ブーケ・ド・フランス」井本秀俊

田舎風お肉のテリーヌ

カラー写真は48ページ

材料
長さ29.5cm×幅8cm×高さ6cmの
テリーヌ型1本分

豚の赤身	900g
豚の脂身	300g
鶏レバーとハツ	300g
コニャック	50mℓ程度
玉ねぎ	1個
にんにく	2片
乾燥タイム	ひとつまみ
ローリエ（マリネ用）	2枚
黒粒こしょう	10粒
パセリの茎	2〜3本
塩	1kgに対して12g
黒こしょう	1kgに対して2g
キャトルエピス	1g弱
マデラ酒	少々
干しぶどう	20g
豚の背脂	適宜
ローリエ	1枚
ピクルス	
きゅうり	10本
米酢	1.5ℓ
グラニュー糖	300g
塩	90g
水	375mℓ
黒粒こしょう	10粒
にんにく	3片
玉ねぎ	1個
エストラゴン	1本
タイム	3本
ローリエ	2枚
サラダ	適宜

作り方

肉を一晩マリネする

❶ 赤身、脂身とも3cm角に切り、レバーとハツは変色した部分があったら切り取る。
❷ ❶にコニャックを手でよく揉み込む。
❸ 1cm厚さの櫛切りにした玉ねぎ、押しつぶしたにんにく、タイム、ローリエ、黒粒こしょう、パセリの茎をまぶしつけ、一晩冷蔵庫でマリネする。

ファルスを作って焼く

❶ 肉とレバーだけを最初は8mm程度の粗挽き、次に2mm程度の細挽きにしてボウルに入れる。
❷ 底を氷水に当てて冷やし、塩、黒こしょう、キャトルエピス、マデラ酒、干しぶどうを加え、手で力いっぱい練る。
❸ 粘りが出てよくつながったら少量をラップで包んでゆで、味見をする。足りなかったら適当な調味料を加えて調整する。
❹ 型にごく薄い背脂を敷き、余分は外にたらしておく。
❺ ファルスを丸め、空洞ができないよう型に叩きつけながら詰める。
❻ 表面をならして背脂で蓋をし、台に叩きつけて空気を抜く。
❼ 上に半分にちぎったローリエを並べ、ラップで蓋をしてアルミ箔をかぶせる。
❽ 湯煎にかけ、180℃のガスオーブンで約60分間焼き、中心に金串を刺して熱かったら出し、ラップとアルミ箔をはずして常温で粗熱を取る。
❾ 1kgくらいの重しをのせ、完全に冷ます。
❿ ラップで密閉して冷蔵庫で1週間から10日間寝かせる。

ピクルスを作り、盛りつける

❶ きゅうりは板ずりする。
❷ 米酢以下の材料をわかし、きゅうりを入れ、冷めたら冷蔵庫で漬け込む。1週間後から食べられる。
❸ テリーヌを2cm程度の厚さに切って皿に盛り、こしょうを挽きかけ、スライスしたピクルスとサラダ、あればテリーヌから出たジューの煮こごりを添える。

「ル・ブルギニオン」菊地美升

ブルギニオンのお肉のテリーヌ　サラダ添え

カラー写真は50ページ

材料
長さ29.5cm×幅8cm×高さ6cmの
テリーヌ型1本分

豚肩ロース肉	600g
鴨もも肉　皮、骨、筋を取り掃除した状態で	200g
鶏レバー　筋を取り掃除した状態で	200g
にんにく（薄切り）	1片
玉ねぎ（薄切り）	½個
白ワイン、コニャック、マデラ酒	各10mℓ
豚の背脂、鴨のフォワグラ、鴨のささみ	各100g
塩	16g
白こしょう	3g
豚の網脂	適宜
タイム	7本
ローリエ	2枚
くるみ油、フルール・ド・セル、粗く砕いた白粒こしょう	各少々
サラダ、ケッパーベリー	各適宜

作り方

マリネした肉でファルスを作る

❶ 豚肩ロース肉、鴨もも肉は3cm角に切る。
❷ ❶と鶏レバーをにんにく、玉ねぎ、白ワイン、コニャック、マデラ酒で一晩マリネする。
❸ 背脂とフォワグラ、鴨のささみは7mm角に切り、背脂は湯通しして冷ましておく。
❹ マリネした肉を粗挽き（7〜8mm）にしてボウルに入れる。
❺ 塩、こしょうを加えて軽く練り合わせ、そこに❸を加えてさっくりと合わせる。

型に詰めて焼き、寝かせる

❶ テリーヌ型に網脂を敷き詰め、余分は外にたらしておく。
❷ 空気が入らないようファルスを型に詰め、網脂で蓋をする。
❸ 上にタイムとローリエを並べ、型の蓋をする。
❹ 湯煎にかけ、160℃のガスオーブンで60〜65分間火を入れる。
❺ 重しをせずに常温で冷ます。
❻ 粗熱が取れたら型を氷水に浸けて完全に冷やす。
❼ ラップで密閉して冷蔵する。2日目から使えるが、できれば2週間寝かせる。

盛りつけ

❶ テリーヌを2cm弱に切って皿に盛り、表面にくるみ油を塗ってフルール・ド・セルと白粒こしょうをふる。
❷ サラダとケッパーベリーを添える。

「レストランＫＡＩＲＡＤＡ」皆良田光輝

鹿肉のパテ・ド・カンパーニュ

カラー写真は52ページ

材料
長さ29.5cm×幅8cm×高さ6cmの
テリーヌ型1本分

鹿肉、豚のど肉	合わせて1250g
鹿のハツ（心臓）	150g
豚の背脂	250g
コニャック	適宜
鹿レバー（または鶏レバー）	250g
A	
塩	22g
白こしょう	1.8g
にんにく（すりおろす）	6g
ジュニエーヴル(すりつぶす)	少々
コニャック	23mℓ
鴨のフォワグラ	200g
塩、白こしょう	各適宜
煮詰めたエシャロット	90g
パセリ（みじん切り）	12g
無塩バター、豚の網脂	各適宜
タイム	5本
ローリエ	1枚
ラード	適宜
アメリカンチェリーのピクルス	
白ワインヴィネガー	1ℓ
グラニュー糖	160g
アメリカンチェリー	適宜
エストラゴンの茎	1本
根セロリのピュレ	
根セロリ	1個
レモン汁、塩	各適宜
ロックフォールチーズ、生クリーム	各適宜
黒こしょう	少々

＊エシャロットは、みじん切りをピュア・オリーブオイルでしんなりするまで炒めてから、ひたひたよりやや多めのルビーポルト酒を加えて煮詰め、少量のグラス・ド・ヴィアンドを混ぜてひと煮立ちさせたもの。これを冷やして使う。

作り方

日に1回練りながら肉をマリネ

❶鹿肉はももなど固い部位を使い、筋をはずした状態で豚のど肉と合わせて1250gになるようにする。鹿と豚の比率は2対1が最適。両方とも1cm弱の角切りにする。
❷　ハツは小さめのざく切りにする。ハツがない場合は、❶の肉を1400gに増やす。
❸　豚の背脂はコニャックをふりかけて、1日冷蔵庫でマリネする。脂は最初にアルコールでマリネすると食感がなめらかになり、臭みも取れる。
❹　❶、❷、フードプロセッサーでピュレ状にした鹿レバーにAをよく混ぜ合わせ、ラップを張りつけて密封し、冷蔵庫で1週間程度マリネする。2日目に❸を合わせ、1日に1度取り出してぬか漬けのように上下を返しながらよく練り合わせる。鹿レバーが手に入らない場合は鶏レバーで代用できる。

ファルスを作って焼く

❶　鴨のフォワグラは小さめのざく切りにして塩、こしょうし、コニャックで半日マリネする。
❷　ハツ以外のマリネした肉、煮詰めたエシャロット、パセリをまんべんなく混ぜ合わせる。
❸　バターを塗った型に網脂を敷き詰め、余分は外にたらしておく。
❹　❷を丸めて空気を抜き、切ったときの断面をイメージし、どこを切っても見えるようにハツとフォワグラを散らしながら型に詰めていく。
❺　表面をならして網脂で蓋をし、タイムと適当に切ったローリエを上に並べ、ラップで密封して冷蔵庫で半日休ませる。こうすると焼き縮みを防げる。
❻　バター紙をのせて蓋をして、80℃のスチームコンベクションオーブンで約55分、芯温62℃で取り出す。
❼　1～2kgの重しをのせ、常温で冷ます。
❽　粗熱が取れたら重しをはずし、冷蔵庫で冷やす。
❾　完全に冷えたら溶かしたラードを流し、冷蔵庫で3日間以上寝かせる。

つけ合わせを準備して盛りつける

❶　アメリカンチェリーのピクルスを作る。白ワインヴィネガーをわかしてグラニュー糖を溶かし、冷ます。
❷　保存びんに軸を取ったアメリカンチェリーを入れて❶を注ぎ、エストラゴンを加える。密閉して冷蔵庫で漬け込む。
❸　根セロリのピュレを作る。皮をむき、ざく切りにした根セロリをレモン汁と塩入りの水から柔らかくゆで、ミキサーでピュレにする。
❹　別の鍋で生クリームとロックフォールチーズを温めて溶かし、❸を加えて混ぜ合わせる。
❺　1.5cm程度にスライスしたパテを皿に盛り、❷と❹、ゼラチンで固めたピクルス液のジュレを添える。パテに黒こしょうを挽きかける。

「レストランKAIRADA」皆良田光輝

仔羊のパテ・ド・カンパーニュ

カラー写真は54ページ

材料
長さ29.5cm×幅8cm×高さ6cmの
テリーヌ型1本分
仔羊もも、うで肉の粗挽き……875g
仔羊バラ、背肉の端肉……412g
仔羊の背脂、豚の背脂……合わせて250g
コニャック……適宜
仔羊レバー（または鶏レバー）……250g
A
　塩……22g
　白こしょう……1.8g
　にんにく（すりおろす）……10g
　キャトルエピス……1g
　コニャック……23mℓ
煮詰めたエシャロット（104ページ参照）
……90g
エストラゴン（みじん切り）……6g
無塩バター、豚の網脂……各適宜
エストラゴンの茎……5本
ローリエ……1枚
ラード……適宜
アンディーヴとスナップえんどうの
　サラダ……適宜
粒マスタード……適宜

作り方

日に1回練りながら肉をマリネ

❶背脂は豚2に対して仔羊1の割合で合わせ、コニャックをふって1日冷蔵庫でマリネする。仔羊の背脂がない場合は豚だけでよい。

❷　バラと背肉の端肉（脂が多い部分）は1cm弱の角切りにする。

❸　レバーはフードプロセッサーでペースト状にする。仔羊レバーが手に入らない場合は鶏レバーで代用できる。

❹　もも、うで肉の粗挽きと❷、❸にAをよく混ぜ合わせ、ラップを張りつけて密封し、冷蔵庫で1週間程度マリネする。2日目に❶を合わせ、1日に1度取り出してぬか漬けのように上下を返しながらよく練り合わせる。

ファルスを作って焼く

❶　マリネした肉、煮詰めたエシャロット、エストラゴンをむらなく混ぜ合わせる。

❷　バターを塗った型に網脂を敷き詰め、余分は外にたらしておく。

❸　❶を丸めて空気を抜き、型に詰める。

❹　表面をならして網脂で蓋をし、エストラゴンの茎と適当に切ったローリエを上に並べ、ラップで密封して冷蔵庫で半日休ませる。

❺　あとは104ページ「鹿肉のパテ・ド・カンパーニュ」と同様にする。

盛りつけ

❶　1.5cm程度にスライスしたパテを皿に盛る。

❷　ヴィネグレット・ソースとみじん切りにしたエストラゴンであえたアンディーヴとスナップえんどう、粒マスタードを添える。

「サルキッチン」内藤泰治

キントア豚のパテ・ド・カンパーニュ

カラー写真は56ページ

材料
長さ25cm×幅8cm×高さ6cmの
テリーヌ型1本分
キントア豚肩ロース肉……1000g
ラカン産ホロホロ鳥のレバー……100g
コニャック、ルビーポルト酒……各30mℓ
玉ねぎ（みじん切り）……200g
ピュア・オリーブオイル……適宜
全卵……1個
塩……総重量の1％
黒こしょう……少々
季節の野菜のサラダ……適宜

作り方

肉とレバーをマリネする

❶　肩ロース肉は赤身と脂の比率が9対1程度になるよう多すぎたら脂を削る。半量を5mm角に手で刻み、残りを粗挽きの大きさになるまでフードプロセッサーでまわす。

❷　レバーも5mm角に刻む。

❸　❶と❷を合わせてコニャック、ポルト酒であえ、一晩冷蔵庫でマリネする。マリネすることによって肉のpH値が下がり、保湿性を高めてしっとりさせる効果がある。

ファルスを作って焼く

❶　玉ねぎをオリーブオイルで炒め、強火で水分を飛ばす。甘味は出さない。冷ましておく。

❷　肉とレバーに❶、全卵、塩を加える。塩は気持ち多めでもよいが、1％以内に収める。

❸　粘りが少し出るまで手でこねる。

❹　何も敷かないテリーヌ型に空気を抜きながら詰める。

❺　表面をならして型の蓋をする。

❻　湯煎にかけ、170℃のガスオーブンで65〜70分焼く。

❼　芯温が50℃を超え、55℃未満で取り出す。

❽　2kg程度の重しをのせ、型を氷水に浸けて急冷する。

❾　ラップで密閉し、冷蔵庫で2日間寝かせて味をなじませ、3、4日で使いきる。

盛りつけ

❶　パテを約1.5cmに切って皿に盛り、黒こしょうをパテに挽きかける。

❷　季節の野菜のサラダを添える。写真は白神山地産のニワトコをゆで、フランボワーズヴィネガー、エクストラ・バージン・オリーブオイル、塩、みじん切りの玉ねぎであえたもの。

「アニス」清水 将

パテ・ド・カンパーニュ

カラー写真は58ページ

材料
長さ25cm×幅8cm×高さ6cmの
テリーヌ型5本分

豚のど肉	2kg
豚レバー	800g
豚の背脂	400g
エシャロット	4個
塩	61g
白こしょう	14g
キャトルエピス	10g
ルビーポルト酒	200mℓ
パナード	
にんにく（みじん切り）	10g
無塩バター	120g
玉ねぎ（薄い輪切り）	1個
強力粉	15g
白ワイン	200mℓ
牛乳	500mℓ
バゲット	100g
全卵	6個
豚の網脂	適宜
藻塩	少々
葉野菜とエディブルフラワー、松の実、ヘーゼルナッツ	各適宜

作り方

肉、レバー、背脂を2日間マリネする

❶ のど肉、レバー、背脂はすべて3mm角に刻む。
❷ 5等分に切ったエシャロットと塩、こしょう、キャトルエピス、ポルト酒を手で揉み込み、冷蔵庫で2日間マリネする。味がしっかり入り、レバーの臭みも抜ける。

パナードを作って冷やす

❶ 鍋にバターを溶かし、にんにくを弱火でゆっくりと炒めて香りを出す。
❷ 玉ねぎを加えてさらに炒め、しんなりしたら粉を加えて炒める。
❸ 少しずつ白ワインを加え、粉となじませてとろみをつける。ルーを作る感覚。
❹ 牛乳を少しずつ加えて伸ばし、ざく切りにしたバゲットを混ぜ合わせる。バゲットは固くなったものでよく、中身を中心に皮も少し入れる。
❺ 冷蔵庫で冷やす。

ファルスを作って蒸し焼きにする

❶ マリネした材料とパナードを一緒に中挽き（5mm）にしてボウルに入れる。
❷ 卵を加え、手で練り混ぜる。まんべんなく混ざりきればよい。
❸ 型に網脂を敷き詰め、余分は外にたらしておく。
❹ 丸めて空気を抜きながらファルスを型に詰める。
❺ 表面をならして網脂で蓋をし、冷蔵庫で2〜3時間冷やして落ち着かせる。
❻ 蒸気を入れた100℃のコンベクションオーブンで60〜80分、芯温68℃のやや手前で取り出し、氷水に浸けて急冷する。重しはしない。
❼ 熱が取れたらラップで密閉し、冷蔵庫で10日間寝かせる。切った後は1週間で食べきる。

盛りつけ

❶ パテを1.5cm程度に切って皿に盛り、藻塩をふりかける。
❷ 葉野菜とエディブルフラワー、香ばしくローストした松の実とヘーゼルナッツを添える。ヴィネグレット・ソースをスプレーボトルに入れて出し、お客さま自身にスプレーしてもらっている。

「ビュットブラッスリー」小野寺 隆

パテ・ド・カンパーニュ

カラー写真は63ページ

材料
長さ29.5cm×幅８cm×高さ６cmの
テリーヌ型１本分

三元豚肩ロース肉	1.5kg
ホロホロ鳥もも肉	500g
豚の背脂	500g
鶏白レバー	400g
マリネ用	
塩	24g
白こしょう	8g
キャトルエピス	2g
マール酒	50mℓ
しょうが（すりおろし）	少々
ピュア・オリーブオイル	適宜
マール酒	適宜
玉ねぎ	２個
卵黄	２個
豚の背脂（敷き込み用）	適宜
仕上げ	
フルール・ド・セル、パセリ（みじん切り）、粗挽き白こしょう	各適宜
コルニッション、オリーブ、ミニトマト	各適宜
粒マスタード	適宜

作り方

ファルスを作る

❶ 豚肉は３mm挽きにし、塩、こしょう、キャトルエピス、マール酒、しょうがで一晩マリネする。
❷ ホロホロ鳥肉は皮を取り除き、５〜６mm角に切り、背脂は５〜６mm角に切る。
❸ 白レバーは筋と血合いを取り除き、１cm角に切る。オリーブオイルを敷いた鍋に入れ、強火で色づく程度に炒め、マール酒を軽くふりかけて香りづける。
❹ 玉ねぎは皮つきのまま180℃のガスオーブンで20〜30分焼く。皮をむき、１cm角に切る。
❺ すべての材料をよく冷やしておく。ボウルに❶、❷、❸、❹、卵黄を入れ、持ち上げても落ちない程度までよく練る。

パテを焼く

❶ 型に背脂を敷き込み、ファルスを空気を抜きながらきっちり詰める。
❷ 背脂をかぶせて蓋をし、湯煎にかけ、200℃のガスオーブンで10〜15分ほど焼く。
❸ 温度を150℃に下げてさらに10〜15分ほど焼き、オーブンから出して焼き時間と同じだけ休ませる。状態を見ながら焼き時間を調整し、焼いては休ませるのを計３回繰り返す。
❹ 取り出して湯煎からはずし、常温で粗熱を取る。
❺ 重しをのせ、冷蔵庫で一晩寝かせる。

盛りつけ

❶ パテを２cm厚さに切って皿に盛り、上面にフルール・ド・セル、パセリ、白こしょうをふる。
❷ 半分に切ったコルニッション、オリーブ、くし切りにしたミニトマトを盛りつけ、粒マスタードを添える。

「デジーノ」金田賢二郎

7日間熟成フォワグラとイベリコ豚のテリーヌ・カンパーニュ　グレッグ・レギューム添え

カラー写真は60ページ

材料
長さ29.5cm×幅8cm×高さ6cmの
テリーヌ型1本分

イベリコ豚肩ロース肉	600g
豚のど肉	200g
鶏レバー	300g
塩	22g
白こしょう	2g
キャトルエピス	1g
コニャック、ルビーポルト酒	各50mℓ
鴨のフォワグラ	100g
豚の背脂	100g
玉ねぎのソテー	50g
にんにく(みじん切り)	小さじ2弱
豚の背脂	適宜
グレッグ・レギューム	
白ワイン	500mℓ
白ワインヴィネガー	1ℓ
塩	50g
グラニュー糖	100g
コリアンダーシード	小さじ2
白粒こしょう	小さじ1
ローリエ	1枚
タイム	2〜3本
にんにく	3片
季節の野菜	適宜
黒こしょう、ポルト酒風味のコンソメ・ジュレ、セルフィユ	各適宜

＊玉ねぎのソテーは、せん切りをサラダ油であめ色になるまで炒めたもの。

作り方

肉とレバーをマリネする

❶ 肩ロース肉とのど肉は3cm角に切る。
❷ 鶏レバーは血合いを取り除く。
❸ ❶と❷に塩、こしょう、キャトルエピス、コニャック、ポルト酒をよくまぶしつけ、冷蔵庫で1日マリネする。

ファルスを作って焼く

❶ 肩ロース肉のうち200gを包丁でサイコロよりやや小さめの粗みじんに切る。
❷ 残りの肩ロース肉、のど肉、レバー、フォワグラを中挽きにする。
❸ 豚の背脂は1cm弱の角切りにする。
❹ 底を氷水に当てたボウルに❷を入れ、❶、❸、玉ねぎのソテー、にんにくを加え、粘りが出るまで練り合わせる。
❺ テリーヌ型に3mm薄さの背脂を敷き込み、余分は外にたらしておく。
❻ 気泡が入らないようゴムべらで押さえながらファルスを型に詰める。
❼ 背脂で蓋をしてアルミ箔で密閉する。
❽ 湯煎にかけ、100℃のコンベクションオーブン(蒸気なし)で2時間から2時間半、芯温55〜58℃までじっくり火を入れる。余熱で60℃まで上がる計算。
❾ 重しをのせずに常温で冷ます。完全に熱が取れたらラップで密閉し、冷蔵庫で1週間寝かせる。

グレッグ・レギュームを作り、盛りつける

❶ 野菜以外の材料を鍋に入れてひと煮立ちさせる。
❷ 野菜を火の通りにくいものから順番で加え、蓋をして軽く蒸し煮状態にして野菜の甘味を引き出す。
❸ 常温で冷まし、冷蔵庫で寝かせる。翌日から食べられる。
❹ テリーヌを1.5〜2cm厚さに切って皿に盛り、黒こしょうを挽きかける。
❺ グレッグ・レギュームとセルフィユを添え、テリーヌの上にコンソメ・ジュレをのせる。

「フレンチバル ルフージュ」齋藤富治夫

パテ・ド・カンパーニュ

カラー写真は64ページ

材料
長さ29.5cm×幅8cm×高さ6cmの
テリーヌ型1本分

豚バラ肉	450g
自家製豚肩ハム	150g
豚レバー	350g
豚ハツ	約250g(1個分)
鴨のフォワグラ	150g
塩	23g
黒こしょう	少々
キャトルエピス	少々
タイムの葉	1本
ローリエ	1枚
コニャック	大さじ2
ルビーポルト酒	大さじ2
玉ねぎ(みじん切り)	250g
豚の背脂	適宜
粗挽き黒こしょう	適宜
マスタードシード	適宜
ディル、セルフィユ	各適宜

作り方

パテを焼く

❶ 豚肉、ハム、レバー、ハツ、フォワグラはそれぞれ3cm角に切ってバットに入れ、塩、スパイス、ハーブ、酒類をふりかけ、軽く混ぜ合わせる。粗挽きにする。
❷ 玉ねぎを加え、均一になるまで混ぜ合わせる。
❸ 型に薄く切った背脂を敷き込み、ファルスを空気を抜きながらきっちり詰める。
❹ 背脂をかぶせて蓋をし、湯煎にかけ、170℃のガスオーブンで40〜50分焼く。
❺ オーブンから取り出し、重しをのせて常温で30分休ませる。
❻ 重しをはずし、あふれ出たジューを型に戻す。冷蔵庫で冷やし固める。

盛りつけ

❶ パテを2cm厚さに切り、縦半分に切って皿に盛る。粗挽き黒こしょうをふる。
❷ マスタードシードをパテにかけ、ディルとセルフィユを添える。

「ビストロ トロワキャール」木下聡二郎

蝦夷鹿とフォワグラのパテ・ド・カンパーニュ

カラー写真は65ページ

材料
長さ29.5㎝×幅8㎝×高さ6㎝の
テリーヌ型2本分

鹿肩肉	600g
鹿バラ肉	500g
豚肉の生ベーコン	200g
鶏白レバー	150g
マリネ用	
塩	21g
グラニュー糖	7g
キャトルエピス	4g
白こしょう	2g
にんにく（すりおろし）	2g
ローリエ	2枚
ルビーポルト酒	40㎖
マデラ酒	40㎖
ブランデー	40㎖
鴨のフォワグラ	400g
塩、ルビーポルト酒	各適宜
玉ねぎ（みじん切り）	2個
ピュア・オリーブオイル	適宜
豚の背脂	100g
ピスターシュ（みじん切り）	70g
パセリ（みじん切り）	適宜
全卵	3個
豚の網脂	適宜
フォン・ド・ヴォライユ	適宜
板ゼラチン	18g
ラード	適宜
キャロット・ラペ（作りやすい分量）	
にんじん	850g
塩	適宜
ヴィネグレット・ソース	100㎖
オレンジ皮（すりおろし）	1個分
オレンジ果汁	1個分
キャラウェイシード	8g
蜂蜜	10g
紫キャベツのマリネ（作りやすい分量）	
紫キャベツ	700g
塩	12g
ピュア・オリーブオイル	適宜
シェリーヴィネガー	50㎖
赤ワインヴィネガー	50㎖
クミンシード	8g
ヴィネグレット・ソース	80㎖
蜂蜜	10g
レンズ豆、塩、ヴィネグレット・ソース、ハム（みじん切り）、エシャロット（みじん切り）、パセリ（みじん切り）	各適宜
きゅうり、トマト	各適宜
クレソン、黒こしょう、くるみ	各適宜
粗く砕いた黒粒こしょう	適宜

作り方

ファルスを作る

❶ 肉、ベーコン、筋と血管を取り除いたレバーに、マリネ用の材料を揉み込み、12時間マリネする。
❷ フォワグラを2㎝角に切り、塩、ポルト酒少々をふりかけて、2時間マリネする。
❸ オリーブオイルを敷いた鍋で玉ねぎをあめ色になるまで炒め、冷ましておく。
❹ 肩肉の赤身部分だけを粗挽きにし、粘りが出るまでよく練る。
❺ 残りの肉、ベーコン、レバーを粗挽きにし、背脂は5㎜角に切る。
❻ ❹のボウルに、❷、❸、❺、ピスターシュ、パセリ、全卵を加え、全体がなじむ程度にざっくり混ぜ合わせる。

パテを焼く

❶ 型に網脂を敷き込み、ファルスを空気を抜きながらきっちり詰める。
❷ 網脂をかぶせて蓋をし、蒸気を充満させた105℃のスチームコンベクションオーブンで芯温が65℃になるまで、約60分加熱する。
❸ 取り出して常温で粗熱を取り、あふれ出たジューを取り出す。
❹ ジューを沸騰させてアクを取り除き、シノワで漉す。氷水で冷やし、脂を取り除く。
❺ ジューの分量に対して、2倍量のフォン・ド・ヴォライユを加え、軽く煮詰めて塩で味を調える。板ゼラチンを加えて溶かし、粗熱が取れたら型に流し入れる。
❻ ジューが出ない程度の軽めの重しをのせ、冷蔵庫で一晩冷やし固める。
❼ 重しをはずして溶かしたラードを流し、冷蔵庫で最低3日間寝かせる。

つけ合わせを準備して仕上げる

❶ キャロット・ラペを作る。にんじんは皮をむき、マンドリーヌでおろし、軽く塩をふる。10分ほどおいたら水気を絞り、残りの材料を混ぜ合わせる。
❷ 紫キャベツのマリネを作る。紫キャベツをせん切りにし、塩をふる。10分ほどおき、水分が出ていれば捨てる。鍋にオリーブオイルを少量入れ、紫キャベツを入れて軽く炒める。シェリーヴィネガー、赤ワインヴィネガー、クミンシードを加え、蓋をして弱火で2分ほど蒸し煮にする。ボウルにあけ、粗熱を取り、ヴィネグレット・ソース、蜂蜜をあえる。
❸ レンズ豆は塩ゆでして水気を切り、ヴィネグレット・ソース、ハム、エシャロット、パセリであえる。
❹ きゅうりとトマトは塩をし、1㎝角に切ってヴィネグレット・ソースをからめる。
❺ クレソンは塩、黒こしょう、ヴィネグレット・ソースであえ、ローストしたくるみを刻んで混ぜ合わせる。
❻ パテを2㎝厚さに切って皿に盛る。つけ合わせをそれぞれ盛りつける。
❼ パテに黒粒こしょうをふって仕上げる。

「カナイユ」髙橋　豊

アバ入りテリーヌ・ド・カンパーニュ

カラー写真は67ページ

材料
長さ20cm×幅10cm×高さ6cmの
パウンド型2本分

豚肉（のど肉、ロース、バラ肉など脂が多い部位）	2kg
鶏レバー	800g
鶏ハツ	200g
豚のコブクロ	200g
豚の大腸	200g
ブイヨン・ド・ヴォライユ	適宜
パン粉	60g
ルビーポルト酒	75mℓ
マデラ酒	75mℓ
45％生クリーム	50mℓ
塩	35g
黒こしょう	20g
ケイジャンスパイス	15g
豚の網脂	適宜
つけ合わせ	
赤かぶ、白かぶ	各適宜
塩、白ワインヴィネガー	各適宜
黒こしょう、レモン汁	各適宜
クレソン、セルフィユ	各適宜
粒マスタード	適宜

＊ケイジャンスパイスは、塩、白こしょう、黒こしょう、カイエンヌペッパー、パプリカパウダー、イングリッシュマスタード、オニオンパウダー、ガーリックパウダー、クミンパウダー、バジル、タイム、オレガノを混ぜ合わせたもの。

作り方

ファルスを作る

❶　豚肉を3mm挽きにする。鶏レバーは筋や血合いを取り除き、レバーとハツに分ける。冷蔵庫でよく冷やしておく。
❷　コブクロと大腸はそれぞれゆでこぼし、ブイヨン・ド・ヴォライユで食感が残る程度に煮て、1cm角に切る。ゆでたブイヨン・ド・ヴォライユは取っておく。
❸　レバーとハツをそれぞれフードプロセッサーにかけ、レバーは完全なペースト状に、ハツは米粒程度に細かくする。
❹　豚肉、レバー、ハツ、パン粉、酒類、生クリーム、塩、黒こしょう、ケイジャンスパイスをボウルに入れ、氷に当てながら白っぽくなるまで手早く練る。
❺　コブクロ、大腸を加え、全体が均一になるようにざっと混ぜ合わせる。

パテを焼く

❶　型に網脂を敷き込み、ファルスを空気を抜きながらきっちり詰め、網脂をかぶせる。上面をアルミ箔で覆う。
❷　型を湯煎にかけ、湯を張ったバットごとアルミ箔で覆う。
❸　100℃のガスオーブンで90分ほど焼く。
❹　取り出して湯煎からはずし、常温で2時間おいて余熱でさらに火を通す。
❺　粗熱が取れたら冷蔵庫で一晩寝かせる。

つけ合わせを準備する

❶　赤かぶは塩ゆでしてからスライスし、直径38mmのセルクルで丸く抜く。白かぶはスライスし、塩をしてしんなりしたら同じサイズのセルクルで丸く抜く。白ワインヴィネガーに一晩漬ける。
❷　コブクロと大腸をゆでたブイヨン・ド・ヴォライユを煮詰め、塩、黒こしょうで味を調える。レモン汁を加えたら裏漉し、冷やし固める。

盛りつけ

❶　パテを2.5cm厚さに切って皿に盛り、黒こしょうをふる。赤かぶと白かぶを交互に並べ、クレソン、セルフィユを飾る。
❷　ジュレを棒状に切ってのせ、粒マスタードを添える。

「ビストロ チカラ」遠藤　力

レバーたっぷり　パテ・ド・カンパーニュ

カラー写真は66ページ

材料
長さ19cm×幅9cm×高さ7cmの
テリーヌ型3本分

豚肩ロース肉	600g
豚バラ肉	600g
豚の背脂	600g
鶏レバー	1kg
塩	54g
黒こしょう	7.2g
キャトルエピス	6g
玉ねぎ	240g
ピュア・オリーブオイル	適宜
にんにく	3片
全卵	3個
牛乳	240mℓ
豚の網脂	適宜
ローリエ	6枚
ローズマリー	6本
粒マスタード	適宜
コルニッション	適宜

作り方

ファルスを作る

❶　豚肉と背脂はそれぞれ5mm角に切り、塩、こしょう、キャトルエピスをまぶしてラップをし、24時間マリネする。
❷　レバーは筋と血合いを取り除き、牛乳（分量外）で一晩血抜きする。
❸　玉ねぎは薄切りにし、オリーブオイルを敷いた鍋で、あめ色になるまで炒める。
❹　❶をフードプロセッサーでまわし、やや食感が残る程度に挽く。
❺　芽を取ったにんにく、❸をフードプロセッサーでなめらかなペースト状になるまでまわす。
❻　レバーは水気をよく切り、フードプロセッサーでなめらかなペースト状になるまでまわす。
❼　ボウルに❹、❺、❻、全卵、牛乳を入れ、氷を当てながら粘りが出るまでしっかり練り混ぜる。

パテを焼いて仕上げる

❶　型に網脂を敷き込み、ファルスを空気を抜きながらきっちり詰めて網脂をかぶせる。
❷　上にローリエ、ローズマリーをのせ、上面をアルミ箔で覆い、冷蔵庫で一晩寝かせる。
❸　常温に戻してから湯煎にかけ、150℃のガスオーブンで90分ほど焼く。
❹　取り出して湯煎からはずし、粗熱を取る。
❺　1本につき800gの重しをのせ、完全に冷ます。
❻　重しを200g追加し、冷蔵庫で12時間冷やす。
❼　重しをはずし、ラップで密封する。1週間以上熟成させる。
❽　2cm厚さに切り分けて皿に盛り、マスタードとコルニッションを添える。

「イバイア」深味雄二

自家製 パテ・ド・カンパーニュ

カラー写真は69ページ

材料
長さ24cm×幅17cm×高さ7cmの
オーバル型1台分

豚肩肉	1kg
豚もも肉	1kg
鶏白レバー	700g
ルビーポルト酒	200ml
マデラ酒	100ml
ブランデー	100ml
にんにく	1片
タイム	10本
パプリカパウダー	大さじ2
塩	肉総量の1.6%
豚の網脂	適宜
ローリエ	7〜8枚
仕上げ用	
ピマン・デスペレット	適宜
パン・ド・カンパーニュ	適宜

作り方

パテを焼く

❶ 肉はすべて4cm角に切り、レバーは筋と血合いを取り除く。にんにくは皮をむく。

❷ 肉、レバー、酒類、にんにく、タイム、パプリカパウダー、塩を密封袋に入れ、冷蔵庫で2日間マリネする。

❸ にんにくとタイムを取り出し、残りの材料を一緒にミンサーにかけ、5mm挽きにする。

❹ 練りすぎず、全体がまとまる程度に手早く混ぜ合わせる。

❺ 型に網脂を敷き、❹を空気を抜きながらきっちり詰める。網脂をかぶせ、ローリエを上に並べる。アルミ箔で覆い、ぬらしたタオルでさらに上面を覆う。

❻ 湯煎にかけ、170℃のガスオーブンで2時間焼く。

❼ 取り出して湯煎からはずし、タオルをはずして常温で粗熱を取る。冷蔵庫で一晩寝かせる。

盛りつけ

❶ パテを1.5cm厚さに切って皿に盛り、ピマン・デスペレットをたっぷりふりかける。

❷ 2cm厚さに切ったパンを2枚添える。

「ル・ブション・オガサワラ」小笠原正人

豚肉のテリーヌ　サラダ添え

カラー写真は71ページ

材料
長さ29.5cm×幅8cm×高さ6cmの
テリーヌ型2本分

豚バラ肉	1.2kg
豚肩ロース肉	1.2kg
豚の背脂	500g
鶏レバー	500g
玉ねぎ（みじん切り）	3個
サラダ油	適宜
塩	40g
上白糖	5g
黒こしょう	15g
エルブドプロヴァンス	5g
キャトルエピス	3g
ブランデー	50ml
ルビーポルト酒	50ml
ラード	適宜
セミドライトマト	
トマト	適宜
塩、白こしょう、エルブドプロヴァンス、ピュア・オリーブオイル	各適宜
キャロット・ラペ	
にんじん	適宜
塩、白こしょう、蜂蜜、レモン汁、キャトルエピス、粒マスタード	各適宜
パセリ	適宜
ドレッシング	
赤ワインヴィネガー	150ml
白ワインヴィネガー	150ml
シェリーヴィネガー	150ml
サラダ油	900ml
塩	20g
上白糖	30g
ディジョンマスタード	大さじ1
サラダ・ヴェール	
サニーレタス、エンダイヴ、アンディーヴ、クレソン、トレヴィス、ルッコラ、ベビーリーフ、フリルレタス、わさび菜、赤玉ねぎ	各適宜
パセリ	適宜
コルニッション、ディジョンマスタード、粗挽き黒こしょう	各適宜

作り方

パテの火入れ

❶ バラ肉と肩ロース肉は8mm挽きにし、冷蔵庫でよく冷やしておく。背脂は6mm挽きにする。レバーは筋や血合いなどを取り除く。

❷ サラダ油を敷いた鍋で玉ねぎをしんなりするまで炒める。冷蔵庫でよく冷やす。

❸ 背脂とレバーを一緒にロボクープにかけ、完全につながるまでよく混ぜる。

❹ ボウルに肉類、❷、❸、塩、上白糖、スパイス、酒類を入れ、粘りが出るまで2〜3分ほど練る。

❺ 素早く型に詰め、上面をアルミ箔で覆う。アルミ箔には真ん中に長方形の穴を開けておくと、均一に火が入る。

❻ 湯煎にかけ、100℃のガスオーブンで3時間〜3時間15分ほど焼く。

❼ 取り出して湯煎から出し、常温で完全に冷ます。

❽ 上面に溶かしたラードを流してアルミ箔をかぶせ、冷蔵庫で1週間以上寝かせる。

つけ合わせを作って仕上げる

❶ セミドライトマトを作る。トマトを横半分に切り、塩、白こしょう、エルブドプロヴァンス、オリーブオイルをふりかけ、100℃のガスオーブンで18時間〜24時間乾かす。

❷ キャロット・ラペを作る。にんじんは皮をむき、マンドリーヌでおろし、塩、こしょう、蜂蜜、レモン汁、キャトルエピス、粒マスタードであえる。

❸ ドレッシングの材料を混ぜ合わせる。

❹ パテを2.3cm厚さに切って皿に盛る。

❺ サラダ・ヴェールを盛り合わせてドレッシングをかける。

❻ キャロット・ラペ、セミドライトマトをのせ、キャロット・ラペに刻んだパセリをふる。コルニッション、マスタードを添える。パテに黒こしょうを挽きかける。

「パピエドレ」野村裕亮

蝦夷肉のパテ・ド・カンパーニュ

カラー写真は68ページ

材料
長さ29.5㎝×幅８㎝×高さ６㎝の
テリーヌ型１本分

蝦夷豚のど肉	150g
蝦夷豚肩ロース肉	250g
十勝軍鶏もも肉	200g
蝦夷鹿内もも肉	200g
鶏白レバー	480g
鴨のフォワグラ	50g
蝦夷豚の背脂	50g
エシャロット（みじん切り）	50g
にんにく（みじん切り）	10g
パセリ（みじん切り）	15g
塩	19g
白こしょう	1.9g
キャトルエピス	1.6g
ルビーポルト酒	20㎖
コニャック	20㎖
全卵	１個
豚の網脂	適宜
タイム	３本
ローリエ	２枚
仕上げ用	
コルニッション	適宜
ディジョンマスタード	適宜
自家製いちごジャム	適宜
粗く砕いた黒粒こしょう	適宜
イタリアンパセリ	適宜

作り方
パテを焼く
❶ 豚肉、鶏肉、鹿肉は５㎜挽きにする。白レバーは筋と血合いを取り除き、半量はロボクープでピュレ状にして裏漉し、残りは３～４㎜角に切る。フォワグラ、背脂は３～４㎜角に切る。
❷ 網脂、タイム、ローリエ以外の材料をボウルに入れ、持ち上げるとつながって落ちる程度まで、よく練り合わせる。レバーが多いためまとまりづらいが、しっかり練ることで粘りが出てくる。
❸ ラップをかけ、冷蔵庫で一晩休ませる。
❹ 型に網脂を敷き込み、ファルスを空気を抜きながらきっちり詰める。網脂をかぶせ、タイム、ローリエをのせる。
❺ 蓋をして湯煎にかけ、160℃のガスオーブンで90分ほど焼く。オーブンの火を落とし、芯温が75℃になるまで余熱で火を通す。このとき、芯温計をパテに刺すとジューが出てしまうので、手の感覚で温度をつかむ。
❻ 網の上に型をのせ、常温で粗熱を取る。
❼ 冷蔵庫で１週間寝かせる。

仕上げる
❶ パテ160gを斜めに切って三角形に整え、皿に盛る。
❷ コルニッション、ディジョンマスタード、自家製いちごジャム、黒こしょうを添える。イタリアンパセリを飾る。

「ア・ターブル」中秋陽一

パテ・ド・カンパーニュ

カラー写真は70ページ

材料
長さ29.5㎝×幅８㎝×高さ６㎝の
テリーヌ型３本分

キントア豚肩ロース肉	3.5kg
キントア豚のど肉	500g
鶏レバー	1kg
コニャック	150㎖
白ポルト酒	100㎖
塩	50g
黒こしょう	5g
キャトルエピス	5g
玉ねぎ	２個
にんにく	１株
鴨のフォワグラ	300g
豚の背脂（ブロック）	300g
全卵	３個
豚の背脂（スライス）	300g
タイム	15本
ローリエ	９枚
ジュニエーヴル	18粒
ラード	適宜
仕上げ用	
粗塩、粗く砕いた黒粒こしょう	各適宜
コルニッション	適宜

作り方
ファルスを作る
❶ 肉類は３㎝角に切り、鶏レバーは筋と血管を取り除く。
❷ コニャックと白ポルト酒を混ぜ合わせる。酒、塩、こしょう、キャトルエピスの各半量で❶を一晩マリネする。
❸ 玉ねぎ、にんにくは皮つきのままそれぞれアルミ箔で覆い、180℃のガスオーブンでローストし、皮をむいて、３㎝程度に切っておく。
❹ フォワグラと背脂のブロックは１㎝角に切る。
❺ ❷、❸をミンサーで３㎜挽きにし、ボウルに入れる。
❻ 残りの塩、こしょう、キャトルエピスを加え、粘りが出るまで手早く練る。
❼ 残りの酒と全卵を加えて全体が均一になるまで混ぜ合わせ、❹を加えてざっと混ぜる。

パテを焼く
❶ 型に背脂のスライスを敷き込み、ファルスを空気を抜きながらきっちり詰める。背脂をかぶせ、タイム、ローリエ、ジュニエーヴルをのせる。
❷ アルミ箔で上面を覆って蓋をし、100℃のスチームコンベクションオーブンで芯温が65℃になるまで、１時間ほど加熱する。
❸ 取り出して粗熱を取り、重しをして冷蔵庫で一晩休ませる。
❹ 上面に溶かしたラードを流し、１週間以上寝かせる。

仕上げる
❶ パテを２㎝厚さに切り、上面に粗塩、黒粒こしょうをかける。
❷ コルニッションを盛り、ディジョンマスタードを瓶ごと添える。

「オ・デリス・ド・ドディーヌ」加藤木 裕

パテ・ド・カンパーニュ

カラー写真は72ページ

材料
長さ29.5cm×幅8cm×高さ6cmの
テリーヌ型1本分
いも豚のど肉……750g
いも豚肩肉……350g
豚レバー……300g
牛乳……適宜
マリネ用
　塩……19g
　グラニュー糖……4.8g
　硝石……1g
　セージパウダー……1g
　キャトルエピス……2g
　ナツメグ……1g
　ルビーポルト酒……20mℓ
　ブランデー……20mℓ
玉ねぎ……1個
にんにく……1片
ラード……適宜
豚の背脂……200g
全卵……2個
パセリ(みじん切り)……大さじ1
グラス・ド・ヴィアンド……50mℓ
豚の網脂……適宜
タイム……2本
ローリエ……2枚
自家製ピクルス
　パールオニオン、パプリカ、ミニきゅうり、にんじん、セロリ……各適宜
　りんご酢……240mℓ
　水……160mℓ
　塩……15g
　グラニュー糖……60g
　黒粒こしょう……10粒
　ローリエ……2枚
　クローブ……2本
　コリアンダーシード……20粒
くるみ油……適宜
粗く砕いた黒粒こしょう……適宜
ギンディージャ……適宜
ディジョンマスタード……適宜

＊ギンディージャは、バスク産の青唐辛子のピクルス。

作り方
ファルスを作る
❶ レバーは血合いや筋を取り除き、3～4cm角に切る。牛乳に一晩漬けて血抜きする。
❷ レバーの水気をよく拭き取る。豚肉は3～4cm角に切る。マリネ用の材料を合わせ、レバーと豚肉にそれぞれふりかけ、別々に一晩マリネする。
❸ 玉ねぎは2cm角、にんにくは半分に切って鍋に入れる。かぶる程度のラードを入れ、弱火で30～40分ほど煮てコンフィにする。取り出して完全に冷まし、ロボクープでなめらかになるまでまわす。
❹ レバーはロボクープでまわして完全なペースト状にする。
❺ 背脂は1cm角に切り、豚肉はミンサーで5mm挽きにする。
❻ ボウルにレバー、豚肉、背脂、全卵、コンフィ、パセリ、グラス・ド・ヴィアンドを入れ、できるだけ練らないよう、やっとつながる程度に混ぜ合わせる。

パテを焼く
❶ 型にアルミ箔を敷き、網脂を敷き込む。ファルスを空気を抜きながらきっちり詰め、網脂をかぶせ、タイム、ローリエを上にのせる。
❷ 湯煎にかけ、150℃のガスオーブンで120分ほど焼く。
❸ オーブンから出し、湯煎につけたまま粗熱を取る。
❹ 湯煎からはずし、重しをして常温で5時間休ませる。重しをはずし、出たジューは捨てずにそのまま冷蔵庫で一晩以上寝かせる。1週間後が食べごろ。

自家製ピクルスを作る
❶ 野菜はそれぞれ皮をむいて軽くゆで、冷水で洗う。食べやすい大きさに切る。
❷ 野菜以外の材料を合わせて沸騰させ、塩とグラニュー糖を溶かす。
❸ 野菜を入れ、粗熱が取れたら冷蔵庫で一晩漬け込む。

盛りつけ
❶ パテを2cm厚さに切って皿に盛り、くるみ油をごく少量かける。黒粒こしょうをふる。
❷ ピクルス、ギンディージャを盛りつけ、マスタードを添える。

「バスク料理 サンジャン・ピエドポー」和田直己

パテ・ド・カンパーニュ

カラー写真は73ページ

材料
長さ29.5cm×幅8cm×高さ6cmの
テリーヌ型1本分
豚細挽き肉……1kg
鶏白レバー……200g
フォワグラ脂……50g
塩……13g
ピマン・デスペレット……3g
黒こしょう……2g
ブランデー……5mℓ
にんにく(みじん切り)……1片
エシャロット(みじん切り)……50g
キントア豚の背脂……300g
タイム……2本
キントア豚ラード……適宜
仕上げ用
　ピマン・デスペレット……適宜
　ギンディージャ(青唐辛子のピクルス)……適宜

＊フォワグラ脂は、フォワグラのテリーヌを作ったときに出た脂を使用する。

作り方
パテを焼く
❶ 白レバーは筋を取り除き、みじん切りにする。
❷ ボウルに背脂、タイム、ラード以外の材料を入れ、粘りが出るまで2～3分ほど混ぜ合わせる。
❸ テリーヌ型に背脂を敷き込み、❷を空気を抜きながらきっちり詰める。背脂をかぶせ、タイムをのせる。蓋をして冷蔵庫で一晩寝かせる。
❹ 湯煎にかけ、150℃のガスオーブンで70分ほど焼く。
❺ 取り出して湯煎からはずし、1kg程度の重しをして30分休ませる。
❻ 重しを5kgに変え、常温で3～4時間おいて粗熱を取る。
❼ 型を氷に当て、1～2時間かけて完全に冷やす。溶かしたラードを流して上面を覆い、冷蔵庫で2日以上寝かせる。

盛りつけ
❶ パテを2cm程度の厚さに切り、まわりの背脂をはずす。
❷ 皿に盛り、上面にピマン・デスペレットをふる。ギンディージャを添える。

「ルミエルネ」木原良尚

パテ・ド・カンパーニュ

カラー写真は74ページ

材料
長さ29.5cm×幅8cm×高さ6cmの
テリーヌ型1本分
豚肩肉……500g
鴨もも肉……300g
鶏レバー……500g
マリネ液
　ブランデー……20mℓ
　ルビーポルト酒……30mℓ
　塩……18g
　白こしょう……4g
　キャトルエピス……適宜
　にんにく（すりおろし）……10g
全卵……2個
38％生クリーム……50mℓ
豚の背脂……適宜

自家製ピクルス
　きゅうり、赤・黄パプリカ、ヤングコーン、カリフラワー、にんじん、かぶ、セロリ、みょうが……各適宜
　にんにく（薄切り）……5片
　しょうが（薄切り）……25g
　鷹の爪……2本
　ローリエ……2枚
　岩塩……50g
　三温糖……70g
　コリアンダーシード、キャラウェイシード、フェンネルシード、クミンシード、白粒こしょう……各適宜
　米酢……500g
　水……1ℓ
粗挽き黒こしょう、ディジョンマスタード……各適宜

作り方
パテを焼く
1　豚肩肉と鴨もも肉は4mm挽きにする。レバーは筋と血合いを取り除く。マリネ液をまぶし、冷蔵庫で一晩マリネする。
2　レバーをバーミックスで数秒まわし、粒がやや残る程度に細かくする。
3　ボウルに肉、レバー、全卵を入れ、練りすぎないよう注意しながら、全体が均一になる程度まで混ぜ合わせる。生クリームを加え、ざっと混ぜ合わせる。
4　型に背脂のスライスを敷き込み、3を空気を抜きながらきっちり詰める。
5　背脂をかぶせ、アルミ箔で上面を覆う。湯煎にかけ、150℃のガスオーブンで90分ほど焼く。
6　オーブンから取り出し、湯煎をはずす。常温で30〜40分ほどおいて余熱でさらに火を通す。
7　型に氷を当てて中まで完全に冷やす。
8　冷蔵庫で4日以上寝かせる。

ピクルスを作る
1　野菜はひと口大にそれぞれ切る。
2　野菜以外の材料をすべて鍋に入れ、沸騰させて塩と三温糖を溶かす。
3　野菜をポットに入れ、2をかけて常温まで冷ます。冷蔵庫で3日以上漬ける。

仕上げる
1　パテを1.5cm厚さに切って皿に盛り、上面に黒こしょうを挽きかける。
2　ピクルスを盛り、マスタードを添える。

「ビストロ ヴィヴァン」井上武士

ヴィヴァンの田舎風パテ

カラー写真は75ページ

材料
長さ29.5cm×幅8cm×高さ6cmの
テリーヌ型2本分
シャラン鴨もも肉……600g
豚のど肉……600g
豚すね肉……600g
鶏白レバー……800g
鴨のフォワグラ……300g
全卵……2個
塩……全体量の1.3％
キャトルエピス……6g
黒こしょう……5g
ブランデー……30mℓ
豚の網脂……適宜
タイム……3本
ローリエ……4枚

自家製ピクルス
　玉ねぎ……½個
　にんにく……½株
　パプリカ、ごぼう、カリフラワー、かぶ、紅しぐれ大根……各適宜
　マリネ液
　　白ワイン……600mℓ
　　穀物酢……1ℓ
　　ベルモット……200mℓ
　　グラニュー糖……230g
　　塩……50g
　　カルダモン……7〜8粒
　　コリアンダーシード……少々
　　タイム……2本
　　ローリエ……3枚
ディジョンマスタード、粗く砕いた黒粒こしょう、ルッコラ……各適宜

作り方
パテを焼く
1　肉類は中挽きにし、白レバーは筋を取り除き、ロボクープにかけてペースト状にする。フォワグラは1cm角に切る。
2　肉類、レバー、全卵、塩、スパイス類、酒をボウルに入れ、練りすぎないように気をつけながら、やや白くなる手前まで混ぜ合わせる。
3　フォワグラを加え、全体がなじむ程度に軽く混ぜ合わせる。
4　型に網脂を敷き込み、3を空気を抜きながらきっちり詰める。
5　網脂をかぶせ、タイムとローリエを上に並べる。
6　アルミ箔で蓋をし、湯煎にかける。140℃のガスオーブンで焼き、90分〜100分ほどかけて芯温を65℃にする。
7　取り出してアルミ箔をはずし、常温で30分休ませる。重しをのせ、さらに2〜3時間おいたら、重しをはずして冷蔵庫で一晩寝かせる。

自家製ピクルスを作る
1　玉ねぎは薄切りに、にんにくは横半分に切る。
2　マリネ液の材料を鍋で沸騰させ、弱火にして香りが出るまで煮込み、シノワで漉す。
3　パプリカとごぼうは細切りにして塩ゆでし、カリフラワーは小房に分けて塩ゆでする。かぶ、紅しぐれ大根は7mm厚さにスライスする。
4　野菜の水気をよく切り、沸騰直前まで温め直したマリネ液に入れ、常温で冷ます。

仕上げる
1　パテを2cm厚さにスライスして皿に盛り、マスタードと自家製ピクルスを添える。
2　黒粒こしょうをふりかけ、ルッコラを飾る。

「オーボンヴュータン」河田力也

パテ・ド・カンパーニュ

カラー写真は76ページ

材料
長さ25cm×幅18.5cm×高さ9cmの
テリーヌ型1本分

豚のど肉	700g
豚もも肉	700g
豚の背脂	200g
豚レバー	600g
マリネ用	
塩	40g
白こしょう	8g
ナツメグ	4g
キャトルエピス	4g
グラニュー糖	6g
白ワイン	50mℓ
玉ねぎ	1個
にんにく	1片
無塩バター	適宜
牛乳	100mℓ
全卵	4個
豚の網脂	適宜

作り方

パテを焼く

❶ 豚肉、背脂、レバーを4cm角に切り分け、マリネ用の材料と一緒に真空にかけ、冷蔵庫で一晩マリネする。
❷ 玉ねぎとにんにくを薄切りにし、バターを入れた鍋であめ色になるまで炒める。牛乳を加え、ひと煮立ちさせ、冷ましておく。
❸ ❶を1cmの粗挽きにする。
❹ ボウルに網脂以外の材料を入れ、持ち上げても落ちないぐらいまでしっかり練る。
❺ 空気を抜きながらファルスを型にきっちり詰め、表面に網脂をかぶせる。
❻ 湯煎にかけ、180℃のコンベクションオーブンで焼き、30分経ったら110℃に下げ、さらに90分焼く。
❼ 芯温計を刺して68℃になっているのを確かめたら取り出し、プラックを上にのせて、上から一度プレスし、表面のふくらみを押さえる。プラックをはずし、常温で30分休ませる。
❽ ブラストチラーで急冷し、完全に冷えたら冷蔵庫で3日以上休ませる。

「サロン・ド・エピス」羽根川泰地

定番！　パテ・ド・カンパーニュ

カラー写真は77ページ

材料
長さ25cm×幅8cm×高さ6cmの
テリーヌ型2本分

豚粗挽き肉（5mm挽き）	1kg
豚の背脂	500g
鶏レバー	1kg
蜂蜜	30g
にんにく（みじん切り）	70g
ピュア・オリーブオイル	30mℓ
ブランデー	200mℓ
松の実	110g
白こしょう	15g
全卵	2個
塩	25g
薄切りベーコン	28枚
ローリエ	12枚
ラード	適宜
ヴィネグレット・ソース	
米酢	200mℓ
サラダ油	200mℓ
グラニュー糖	15g
塩	10g
粒マスタード	20g
黒こしょう	適宜
つけ合わせ	
ベビーリーフ、サニーレタス、セルフィユ、ラディッシュ	各適宜
コルニッション、パールオニオンのピクルス	各適宜
粒マスタード、カシスマスタード	各適宜
粗く砕いた黒粒こしょう	適宜

作り方

ファルスを作る

❶ にんにくにオリーブオイルをかけて混ぜ合わせ、一晩なじませる。
❷ 背脂は3～5mm角に切る。レバーは、筋と血合いを取り除き、3～5mm角に切る。
❸ ベーコン、ローリエ、ラード以外の材料をボウルに入れ、粘りを出しすぎず、流動性が残っている程度に混ぜ合わせる。
❹ ファルスをバットに広げ、冷蔵庫で一晩休ませる。

パテを焼く

❶ 型にベーコンを敷き込み、ファルスを空気を抜きながらきっちり詰める。ベーコンをかぶせ、ローリエを上にのせる。
❷ アルミ箔で上面を覆って湯煎にかけ、150℃のガスオーブンで1時間ほど焼く。
❸ オーブンから取り出し、湯煎につけたまま30分ほどおいて温度を均一にする。温度を見ながら、オーブンでさらに20～30分焼く。
❹ 湯煎から出し、2本につき4kg程度の重しをのせて粗熱を取る。
❺ あふれたジューを取り出し、少量を型に戻し、冷蔵庫で完全に冷やす。上面に溶かしたラードを流し、1週間寝かせる。

盛りつけ

❶ ヴィネグレット・ソースの材料を混ぜ合わせる。
❷ パテを1.3cm厚さに切って皿にのせ、ベビーリーフ、サニーレタス、セルフィユ、スライスしたラディッシュを盛ってヴィネグレット・ソースをかける。
❸ コルニッション、パールオニオンのピクルス、2種のマスタードを添え、パテに黒粒こしょうをふって仕上げる。

「ビストロ ボアドック」中島忠昭

パテ・ド・カンパーニュ

カラー写真は78ページ

材料
長さ29.5cm×幅8cm×高さ6cmの
テリーヌ型2本分

豚肩肉	1kg
豚のど肉	900g
鶏レバー	200g
塩	肉総量に対して1.6%
黒こしょう	肉総量に対して0.4%
タイム	適宜
ローリエ	1〜2枚
白ワイン	750mℓ
玉ねぎ(みじん切り)	1個
にんにく(みじん切り)	4片
ピュア・オリーブオイル	適宜
全卵	4個
ベーコン	適宜
バルサミコドレッシング	
ピュア・オリーブオイル	300mℓ
バルサミコ酢	100mℓ
ディジョンマスタード、黒こしょう	各適宜
ベビーリーフ、コルニッション、ディジョンマスタード	各適宜
粗挽き黒こしょう	適宜

作り方
ファルスを作る
❶ 肩肉とのど肉は2〜3cm角に切る。レバーは筋と血合いを取り除く。
❷ バットに豚肉を入れ、塩、こしょうをすり込む。レバー、タイム、ローリエを入れ、白ワインを注ぎ、3日間マリネする。
❸ ザルにあげ、液体と肉類に分ける。香草は焼成時に使用するので、別に取っておく。
❹ 肉類を5〜6mm挽きにする。
❺ マリネ液を鍋に入れ、⅔量になるまで煮詰める。アクにも旨みがあるので、取りすぎないこと。
❻ 玉ねぎとにんにくをオリーブオイルを入れた鍋でしんなりするまで炒める。しんなりしたら蓋をし、色づく手前まで蒸し焼きにする。
❼ ボウルに5、6を入れ、氷を当てて冷やす。
❽ 別のボウルに4を入れ、白っぽくなるまでよく練り合わせる。
❾ 溶いた全卵を加えて混ぜ合わせ、全体になじんだら7を加えて混ぜ合わせる。

パテを焼く
❶ 型にベーコンを敷き込み、ファルスを空気を抜きながらきっちり詰める。ベーコンをかぶせ、マリネに使ったタイムとローリエを並べる。
❷ 型全体をラップで2〜3重に巻き、完全に密封する。
❸ 95℃のスチームコンベクションオーブンで75分焼く。芯温を計り、58℃になったら取り出す。
❹ 常温で粗熱を取り、氷水で完全に冷やす。冷蔵庫で一晩寝かせる。

仕上げる
❶ バルサミコドレッシングの材料をすべて混ぜ合わせる。
❷ パテを2cm厚さに切って皿にのせ、ベビーリーフを盛ってバルサミコドレッシングをかける。
❸ コルニッション、マスタードを添え、パテに黒こしょうを挽きかける。

「クッチーナ イタリアーナ アリア」山田佳則

パテ・ド・カンパーニュ 3種のスモークナッツのクリスプ

カラー写真は80ページ

材料
長さ24cm×幅8cm×高さ5cmの
テリーヌ型2本分

豚肩ロース肉	500g
豚ロース肉	400g
豚の背脂	300g
鶏レバー	300g
玉ねぎ	300g
サラダ油	20mℓ
塩	肉総量に対して1.5%
粗挽き黒こしょう	肉総量に対して1.3%
ナツメグ	ひとつまみ
にんにく(すりおろし)	15g
ルビーポルト酒	50mℓ
ブランデー	25mℓ
豚の網脂	適宜
つけ合わせ	
くるみ、ピスターシュ、カシューナッツ	各適宜
ピンクペッパー、粗挽き黒こしょう、パセリ(みじん切り)	各適宜
コルニッション、ディジョンマスタード	各適宜

作り方
パテを焼く
❶ 豚肉は8mm挽きにし、背脂は3mm角に切って、冷蔵庫でよく冷やしておく。
❷ 鶏レバーは筋と血合いを取り除き、5mm角に切る。
❸ 玉ねぎは薄切りにし、サラダ油を入れた鍋で250gになるまで炒める。
❹ 1、2、3、塩、スパイス、にんにく、酒類を入れ、一方向に手早く練り合わせる。全体が白っぽく、粘り気が出るまで練る。
❺ 型に網脂を敷き込み、ファルスを空気を抜きながらきっちり詰める。網脂をかぶせ、アルミ箔で覆う。
❻ 湯煎にかけ、160℃のガスオーブンで1時間焼く。芯温が63〜65℃になったらアルミ箔をはずし、さらに30分焼く。
❼ 取り出して湯煎からはずし、蓋をして重しをのせる。常温で2時間ほどおき、粗熱が取れたら冷蔵庫で一晩寝かせる。

仕上げる
❶ 鍋に桜のチップを敷いて網をのせ、3種のナッツをのせる。弱火にかけ、煙が出たら蓋をし、美しいきつね色になるまで、約1時間スモークする。さまして包丁で軽くつぶす。
❷ パテを2cm厚さに切ってプレートに盛り、ピンクペッパー、粗挽き黒こしょう、パセリをふる。
❸ コルニッション、ディジョンマスタードを添え、スモークナッツを飾る。

「ポークストック」諸橋新之助

放牧肝付豚のパテ・ド・カンパーニュ

カラー写真は82ページ

材料
長さ26cm×幅12cm×高さ6cmの
パウンドケーキ型1本分

肝付豚の端肉（肩肉中心）	1200g
塩（マリネ用）	5g
鶏レバー	300g
ベーコン	150g
塩	20g
きび糖	10g
カイエンヌペッパー	1g
キャトルエピス	6g
マスタードシード	3g
コリアンダーシード	6g
ローリエ	1.5g
にんにく	30g
しょうが	30g
コーンスターチ	15g
全卵	1個
豚の網脂	適宜
ラード	適宜
仕上げ用	
粗挽き黒こしょう	適宜
青ねぎ、イタリアンパセリ	各適宜
ディジョンマスタード、オリーブ	各適宜

作り方

ファルスを作る

1 端肉は2～3cm角に切り、塩を揉み込んで一晩マリネする。
2 レバーは筋と血合いを取り除き、ベーコンと一緒にフードプロセッサーでほんの少し粒が残る程度までまわす。
3 塩、きび糖、カイエンヌペッパー、キャトルエピス、マスタードシード、コリアンダーシード、ローリエ、にんにく、しょうが、コーンスターチをミルサーでまわす。
4 端肉を3.2mm挽きにし、ボウルに氷水を当てながら、ミンチの粒がなじんでまとまる程度まで練る。
5 3を加え、粘りが出て、肉が手にまとわりつくぐらいまで練る。
6 溶いた卵を加えて混ぜ合わせ、2を加えてざっくり合わせる。冷蔵庫で一晩寝かせる。

パテを焼く

1 型に網脂を敷き込み、ファルスを空気を抜きながらきっちり詰める。網脂をかぶせ、アルミ箔で覆う。
2 重しをのせ、90℃のコンベクションオーブンで90分ほど焼き、芯温を58℃に上げる。50分経ったところで型の前後を入れ替える。オーブンの余熱で30分休ませる。
3 オーブンから出し、重しをのせたまま常温まで冷ます。冷蔵庫で一晩寝かす。
4 上面に溶かしたラードを流し、冷蔵庫で1週間寝かせる。

盛りつけ

1 パテを1.5cm厚さに切って皿に盛り、黒こしょうをふる。
2 刻んだ青ねぎとイタリアンパセリ、ディジョンマスタード、オリーブを添える。

「ミート&ベーカリー タバーン」松浦寛大

パテ・ド・カンパーニュ

カラー写真は83ページ

材料
長さ29.5cm×幅8cm×高さ6cmの
テリーヌ型3本分

豚肩肉	3.5kg
豚レバー	500g
豚血	300g
玉ねぎ（みじん切り）	250g
ひまわり油	適宜
にんにく	2片
パン粉	150g
牛乳	200mℓ
ジュー・ド・コション	200mℓ
黒こしょう	6g
塩	45g
キャトルエピス	小さじ1
ナツメグ	小さじ1
ピスターシュ	100g
アルマニャック	60mℓ
豚の網脂	1kg
つけ合わせ	
ゲランドの塩、ワイルドペッパー	各適宜
コルニッション	適宜
ディジョンマスタード	適宜

＊ジュー・ド・コションは、フロマージュ・ド・テッドを作ったときに出る煮汁を濃度がつくまで煮詰めたもの。

作り方

ファルスを作る

1 血管とリンパを取り除いた肩肉を3cm角に切り、2kg分を3mm、1.5kg分を6mmにそれぞれ挽く。
2 肉の温度が5℃以下になるまで冷凍庫で冷やす。
3 玉ねぎはひまわり油を入れた鍋であめ色になるまで炒め、完全に冷ます。
4 レバー、豚血、3、にんにく、パン粉、牛乳、ジュー・ド・コション、黒こしょうをフードプロセッサーにかけてペースト状にする。
5 肉と塩をボウルに入れ、粘りが出るまでよく練り合わせ、乳化させる。
6 4を加えて全体が混ざるまでさらに練り合わせる。
7 キャトルエピス、ナツメグ、ピスターシュ、アルマニャックを加え、全体が混ざるまでさらに練る。

パテを焼く

1 型にラップと網脂を敷き込み、ファルスを空気を抜きながらきっちり詰める。
2 網脂をかぶせてラップで覆い、蓋をして一晩冷蔵庫で寝かせる。
3 湯煎にかけ、130℃のガスオーブンで1時間30分～1時間45分焼く。中心温度を計り、55℃になったらオーブンから取り出し、余熱で65℃まで上げる。
4 型を氷水に当てて急冷し、完全に冷えたら冷蔵庫で3日以上寝かせる。1週間後が食べごろ。

仕上げる

1 パテを2cm厚さに切ってプレートにのせ、ゲランドの塩、粗く砕いたワイルドペッパーを上面にふる。
2 コルニッション、マスタードを添える。

「ワインホール神田小西」中里　寛

パテ・ド・カンパーニュ

カラー写真は81ページ

材料
長さ29.5㎝×幅8㎝×高さ6㎝の
テリーヌ型4本分

豚肩ロース肉	1kg
豚肩肉	1.1kg
豚のど肉	600g
鶏白レバー	600g
玉ねぎ	300g
エシャロット	100g
にんにく	16g
グリーンペッパー（みじん切り）	16g
セージ（みじん切り）	約15g
パセリ（みじん切り）	大さじ6
ピスターシュ	150g
全卵	3個
エルブドプロヴァンス	少々
白こしょう	少々
ブランデー	150cc～200cc
塩	58～62g
豚の背脂	適宜
ローリエ	4枚
つけ合わせ	
大根とにんじんの自家製ピクルス	適宜
紫キャベツのマリネ	適宜
粒マスタード、パセリ（みじん切り）、粗く砕いた黒粒こしょう	各適宜

＊豚肉は赤身と脂の割合が3：7になるように調整する。

作り方

パテを焼く

❶ 豚肉はかたまりのままミートラップにくるみ、熟成庫で10日程度熟成させる。
❷ 肩ロース肉、肩肉の半量、皮をむいた玉ねぎ、エシャロット、にんにくをミンサーで粗挽きにする。
❸ 筋と血管を取り除いた白レバー、残りの豚肉をそれぞれ5～7㎜角に切る。
❹ 背脂、ローリエ以外の材料をボウルに入れ、氷に当てながら、粘りが出るまで20分ほど混ぜ合わせる。
❺ ラップをし、冷蔵庫に入れて4～5日マリネする。1日1回混ぜ合わせて空気にふれさせ、熟成を進める。
❻ 型に薄く切った背脂を敷き込み、ファルスを空気を抜きながらきっちり詰める。背脂をかぶせ、ローリエをのせる。
❼ 蓋をして湯煎にかけ、160℃のガスオーブンで75分焼く。オーブンから取り出し、3～4時間おいて余熱でさらに火を通す。
❽ 完全に冷めたら冷蔵庫に入れ、2日間寝かせる。

仕上げる

❶ パテを1.5㎝厚さに切って皿に盛り、大根とにんじんのピクルス、紫キャベツのマリネをのせる。
❷ 粒マスタードを添え、皿のふちにパセリと黒粒こしょうをふる。

「クイーンオブチキンズ」松浦雄太

豚肉と白レバーの田舎風パテ

カラー写真は84ページ

材料
長さ29.5㎝×幅8㎝×高さ6㎝の
テリーヌ型3本分

豚肩肉	1kg
豚バラ肉	1kg
豚のど肉	1kg
豚レバー	1.2kg
鶏白レバー	900g
マリネ用	
マデラ酒	40～50㎖
コニャック	30～40㎖
塩	48g
パテ・ド・カンパーニュ専用エピス（仏ラ・ボヴィダ製）	8g
白こしょう	3g
サラダ油	適宜
豚の背脂	200g
にんにく（みじん切り）	3片
玉ねぎ（みじん切り）	4個
パセリ（みじん切り）	大さじ2
グリーンペッパー（粗みじん切り）	大さじ2
全卵	3個
豚の網脂	適宜
ローリエ	適宜
きゅうりのピクルス	
きゅうり	適宜
塩	適宜
マリネ液	
米酢	1kg
玉ねぎ	1個
塩	5g
グラニュー糖	70g
ローリエ	1枚
赤唐辛子	1本
にんじん	1本
クローブ	2粒
白、黒粒こしょう	各5粒
タイム	1枚
ディジョンマスタード、イタリアンパセリ、粗挽き黒こしょう	各適宜

作り方

ファルスを作る

❶ レバーは筋や血合いを取り除く。肉類とレバーを3～4㎝角に切り、マリネ用の材料を揉み込んで一晩マリネする。
❷ 豚レバーと白レバーは200gずつ別に取り分け、残りのレバーと肉をミンサーで3～4㎜挽きにする。
❸ 取り分けたレバーは3～4㎜角に切り、サラダ油を敷いた鍋で色づく程度に炒め、冷ましておく。
❹ 背脂は3～4㎜角に切り、1度ゆでこぼし、冷ましておく。
❺ 玉ねぎはサラダ油を敷いた鍋であめ色になるまで炒め、冷ましておく。
❻ よく冷やした❷、❸、❹、❺、パセリ、グリーンペッパー、卵をボウルに入れ、持ち上げるとゆっくり落ちる程度までよく練り、粘りを出す。

パテを焼く

❶ 型に網脂を敷き込み、ファルスを空気を抜きながらきっちり詰める。網脂をかぶせ、ローリエを4～5枚並べる。
❷ 蓋をして湯煎にかけ、150℃のガスオーブンで90～100分程度焼く。
❸ オーブンから取り出して湯煎からはずし、重しをのせて完全に冷ます。
❹ 重しをはずし、あふれたジューを型に戻す。冷蔵庫で2日間寝かせる。

仕上げる

❶ きゅうりは乱切りにして、軽く塩をふり、しばらくおく。
❷ マリネ液の材料を火にかけ、沸騰させる。きゅうりを入れた器に注ぎ、一晩漬け込む。
❸ パテを2㎝厚さに切って皿に盛り、きゅうりのピクルス、マスタードを添える。
❹ イタリアンパセリを飾り、黒こしょうをパテに挽きかける。

「ラスボカス」大山哲平

定番　パテ・ド・カンパーニュ

カラー写真は85ページ

材料
長さ43cm×幅15cm×高さ5cmの
バット1台分

ニュージーランド産豚粗挽き肉	1kg
ニュージーランド産豚肩肉	1kg
鶏レバー	800g
塩	52g
玉ねぎ（みじん切り）	1個
ピュア・オリーブオイル	適宜
ルビーポルト酒	60mℓ
コニャック	60mℓ
ナツメグ	3g
エルブドプロヴァンス	3g
キャトルエピス	3g
白こしょう	10g
グラニュー糖	3g
にんにく（すりおろし）	2片
35％生クリーム	150g
全卵	4個
かぼちゃの種	100g
豚の網脂	適宜
タイム	4本
ローリエ	4枚
自家製ピクルス（きゅうり、にんじん、パプリカ、大根）	適宜
ディジョンマスタード	適宜
エクストラバージン・オリーブオイル、黒こしょう、パセリ（みじん切り）	各適宜

作り方

ファルスを作る

1 肩肉は1cm角に切り、包丁で軽く叩く。
2 レバーは筋、血合いを取り除き、水に半日漬けて血抜きする。水気をよく拭き取り、ミキサーでペースト状にする。
3 玉ねぎはオリーブオイルを入れた鍋でしんなりするまで炒め、冷ます。
4 挽き肉、肩肉、レバー、塩をボウルに入れ、氷を当てて粘りが出るまで練る。
5 酒類、スパイス、グラニュー糖、にんにく、玉ねぎ、生クリーム、全卵、かぼちゃの種を加え、肉が結着するまで十分練る。

パテを焼く

1 アルミ箔を型に敷き、網脂を敷き込む。ファルスを空気を抜きながらきっちり詰め、網脂をかぶせる。タイム、ローリエを並べ、アルミ箔をかぶせる。さらに上からアルミ箔で型全体を覆う。
2 湯煎にかけ、200℃のガスオーブンで30分、170℃に下げてさらに60分焼く。
3 取り出して湯煎からはずし、常温で半日ほどおいて粗熱を取る。
4 3kgの重しをのせ、冷蔵庫で1日寝かせる。

仕上げる

1 パテを2cm厚さに切り、プレートに盛る。
2 自家製ピクルス、ディジョンマスタードを添え、パテにエクストラバージン・オリーブオイルをかけ、黒こしょう、パセリをふって仕上げる。

「オリエンタルビストロ 桃の実」瀬島徳人

ガリシア栗豚のパテ・ド・カンパーニュ

カラー写真は86ページ

材料
長さ29.5cm×幅8cm×高さ6cmの
テリーヌ型2本分

ガリシア栗豚肩ロース肉	2kg
豚レバー	200g
鶏白レバー	200g
レバーのマリネ用	
塩	5g
ブランデー	大さじ1
白ポルト酒	大さじ1
玉ねぎ（粗みじん切り）	1個
サラダ油	適宜
にんにく（すりおろし）	2〜3片
全卵	2個
塩	30g
グラニュー糖	15g
黒こしょう	6g
硝石	2g
豚の網脂	適宜
タイム	6本
ローリエ	6枚
ブランデー	適宜
自家製ピクルス	
れんこん、ミニかぶ、ミニきゅうり、みょうが	各適宜
マリネ液	
りんご酢	250mℓ
白ワイン	125mℓ
水	125mℓ
塩	20g
グラニュー糖	10g
レモングラス	1本
コブミカンの葉	3枚
コリアンダーシード	大さじ2
りんご	適宜
ディジョンマスタード	適宜

作り方

ファルスを作る

1 豚レバーと白レバーは筋や血管を取り除き、3cm程度のざく切りにする。マリネ用の材料を揉み込み、一晩マリネする。
2 玉ねぎはサラダ油で色づけないように炒め、冷ましておく。
3 豚肉は赤身、筋、脂に分け、赤身は2〜3cm角に切り、筋と脂は1cm角に切る。すべてをフードプロセッサーにかけ、赤身が5〜8mm角になるまでまわす。
4 豚レバー、白レバーをそれぞれフードプロセッサーにかけ、5mm角に挽く。
5 ボウルに肉、レバー、玉ねぎ、にんにく、全卵、塩、グラニュー糖、黒こしょう、硝石を入れ、白っぽくなるまで練る。

パテを焼く

1 型に網脂を敷き込み、ファルスを空気を抜きながらきっちり詰める。網脂をかぶせ、タイム、ローリエをのせる。ブランデーをひとふりし、ラップをかけて蓋をする。冷蔵庫で一晩寝かせる。
2 常温に戻し、湯煎にかけて170℃のガスオーブンで45分焼く。150℃に温度を下げ、さらに15〜20分焼く。
3 オーブンから出し、湯煎のまま1時間ほど余熱で火を通す。
4 湯煎から出して粗熱を取り、蓋、ラップをはずし、ローリエとタイムを取り除く。サラマンドルの近火で網脂に香ばしい焼き色をつける。
5 粗熱を取り、あふれ出たジューを取り除く。2kgの重しをのせて30分〜1時間おき、重しをはずし、冷蔵庫で1週間寝かせる。

自家製ピクルスを作る

1 りんご酢、白ワイン、水を沸騰させ、残りのマリネ液の材料を加えて香りを出す。
2 れんこん、ミニかぶは皮をむいて軽くゆで、れんこんは5mm厚さに切る。
3 野菜を3日以上マリネする。

盛りつけ

1 パテを2cm厚さに切って皿に盛り、黒こしょうをふる。
2 ひと口大に切ったピクルス、りんごのスライス、マスタードを添える。

「ツイテル 和」髙橋篤史

焼きパテ・ド・カンパーニュ

カラー写真は87ページ

材料
長さ32.7cm×幅17.6cm×高さ6.5cmの
ホテルパン6台分

豚挽き肉	7kg
豚の背脂	780g
ベーコン	1500g
鶏白レバー	800g
ルビーポルト酒	172g
ブランデー	172g
パン粉	260g
パセリ(みじん切り)	8g
にんにく(すりおろし)	大さじ2½
牛乳	260g
玉ねぎ	6個
サラダ油	適宜
全卵	18個
38%生クリーム	563g
塩	110g
黒こしょう	47g
キャトルエピス	8g
ナツメグ	8g
豚の網脂	適宜
粗挽き黒こしょう	適宜
タイム	18本
ローリエ	43枚

仕上げ用

ピュア・オリーブオイル、ディジョンマスタード、パン粉	各適宜
コルニッション	適宜
粒マスタード、パセリ(みじん切り)	各適宜

作り方

ファルスを作る

1 白レバーは筋と血合いを取り除き、ルビーポルト酒、ブランデーを少量かけて一晩マリネする。
2 パン粉、パセリ、にんにく、牛乳、残りのルビーポルト酒とブランデーを混ぜ合わせ、一晩おいてなじませる。
3 豚肉は6mm挽きにする。背脂はロボクープで1cm角程度に細かくし、ベーコンはロボクープでペースト状にする。
4 玉ねぎは薄切りにし、サラダ油を敷いた鍋であめ色になるまで炒め、冷ましておく。
5 レバー、卵の半量、生クリームをロボクープでペースト状にし、裏漉す。
6 玉ねぎ、残りの卵をロボクープでペースト状にし、裏漉す。
7 ボウルに豚肉、ベーコン、背脂、5、6、塩、黒こしょう、キャトルエピス、ナツメグを入れ、粘りが出るまで十分に練る。
8 2を加え、ダマがなくなるまで十分に混ぜ合わせる。

パテを焼く

1 調理台にラップを敷き、網脂を上に広げる。粗挽き黒こしょうを網脂に挽きかける。
2 ファルスを2.6kgずつ網脂にのせ、空気を抜きながらホテルパンに入るように四角く成形し、網脂で包む。
3 上面にタイム、ローリエをのせ、ラップできっちり包む。形を整えてホテルパンに入れる。
4 蓋をして湯煎にかけ、180℃のガスオーブンで130分ほど焼く。
5 オーブンから出し、湯煎にかけたまま30分ほど休ませたら、氷に当てて急冷する。
6 冷蔵庫で一晩寝かせる。

仕上げる

1 パテを120gにカットする。オリーブオイルを敷いたフライパンを熱し、パテの片面に軽く焼き色をつける。
2 裏返し、マスタードを表面に塗り広げ、パン粉をふる。
3 250℃のガスオーブンにフライパンごと3分入れ、香ばしい焼き色をつける。
4 プレートにパテを盛り、コルニッションを縦半分に切ってのせ、粒マスタードを添える。パセリをふって仕上げる。

「やきとんひなた」辻 英充、松崎丈幸

パテ・ド・カンパーニュ

カラー写真は88ページ

材料
長さ30cm×幅11cm×高さ8cmの
テリーヌ型2本分

豚肩肉	1.6kg
豚バラ肉	1.2kg
鶏レバー	800g
豚の背脂	200g
玉ねぎ	330g
ピュア・オリーブオイル	適宜
塩	80g
黒こしょう	10g
エルブドプロヴァンス	10g
にんにく(みじん切り)	50g
くるみ	50g
松の実	50g
全卵	1個
豚の網脂	適宜
ローリエ	6枚
サラダ(レタス、ルッコラ、トレヴィス、ベビーリーフ)	適宜
フレンチドレッシング、粒マスタード、ピンクペッパー、粗挽き黒こしょう	各適宜

作り方

ファルスを作る

1 豚肉は大きめの粗挽きにし、背脂は3mm角に切る。
2 レバーは筋と血合いを取り除き、ミキサーでペースト状にする。
3 玉ねぎは薄切りにし、オリーブオイルを入れた鍋であめ色になるまでいため、冷ましておく。
4 1を白っぽくなるまでよく練り合わせる。
5 塩、スパイス、玉ねぎ、にんにく、くるみ、松の実、卵を別のボウルで混ぜ合わせる。
6 4に5を加えて均一に混ぜ合わせ、レバーを加えてざっと合わせる。

パテを焼いて仕上げる

1 型に網脂を敷き込み、ファルスを空気を抜きながらきっちり詰める。網脂をかぶせ、ローリエを3枚ずつ並べ、蓋をする。
2 湯を張ったバットをオーブンに入れ、湯が沸騰したら型をバットに入れ、オーブンをごく弱火にし、21分焼く。型の前後を入れ替え、さらに21分焼く。
3 火を止め、10分ほど余熱で火を通す。芯温が63℃になったら取り出し、湯煎をはずす。
4 5kgの重しをのせ、1時間おいて粗熱を取る。出てきた脂を取り除き、冷蔵庫で一晩寝かせる。
5 1.5cm厚さに切ったパテを皿に盛り、ドレッシングをからめたサラダを盛りつける。粒マスタードとピンクペッパーを添え、パテに粗挽き黒こしょうをふる。

「アルボール神楽坂」加藤友則

鴨スモークといろいろ野菜のパテ・ド・カンパーニュ

カラー写真は89ページ

材料
長さ29.5cm×幅8cm×高さ6cmの
テリーヌ型1本分

オニオンソテー	
玉ねぎ(みじん切り)	150g
ピュア・オリーブオイル	適宜
ミミガー	
豚耳	1個
日本酒、醤油、みりん、水	各適宜
しょうが	1片
にんにく	3片
鴨胸肉	150g
新じゃがいも	1個
グリーンアスパラガス	3本
椎茸	大1個
パプリカ	¼個
ミニにんじん	6本
日野菜かぶ	2個
六白黒豚粗挽き肉	700g
全卵	2個
42%生クリーム	100mℓ
ルビーポルト酒	20mℓ
カルヴァドス	25mℓ
藻塩	6g
黒こしょう	適宜
ベーコン	500g
つけ合わせ	
自家製ピクルス	適宜
ミニトマト	1個
粒マスタード	適宜
セルフィユ、エディブルフラワー	各適宜
エクストラバージン・オリーブオイル	適宜
一味唐辛子、サラダスパイス	各適宜

＊野菜は季節ごとに旬のものを使用する。
＊サラダスパイスはチリパウダー、クミン、ガーリックパウダー、オニオンパウダーなどを混ぜ合わせた市販品。

作り方

材料を準備する

1 オリーブオイルを敷いた鍋で玉ねぎをきつね色になるまで炒める。

2 ミミガーを作る。醤油1に対して、日本酒3、みりん2、水2の割合で混ぜ合わせた煮汁に、豚耳、しょうが、にんにくを加えて中火にかける。沸騰したら弱火にし、豚耳が柔らかくなるまで3時間ほど煮込む。

3 水気を切り、薄くスライスする。

4 鴨胸肉を燻製にかける。桜のチップを敷いた鍋に網を敷いて鴨胸肉をのせ、弱火にかける。煙が出たら蓋をし、20分ほどスモークする。

5 じゃがいもは皮をむき、アスパラガスは筋を取り除く。椎茸は柄の部分を切り取る。鴨胸肉、じゃがいも、パプリカ、椎茸をそれぞれ1cm角に切る。

型に詰めて焼く

1 豚挽き肉、オニオンソテー、全卵、生クリーム、酒類、塩、黒こしょうをボウルに入れ、白くなるまでよく練り合わせる。

2 ミミガー、じゃがいも、パプリカ、椎茸、鴨胸肉を加え、全体が均一になるまで軽く混ぜ合わせる。

3 ベーコンを薄切りにして型に敷き込み、2を詰める。切った時の断面をイメージしながら途中でかぶ、アスパラガス、ミニにんじんを間に挟み、隙間ができないように2をしっかり詰める。

4 ベーコンをかぶせて蓋をし、湯煎にかけ、150℃のガスオーブンで90分ほど焼く。オーブンから出し、重しをのせて3時間おき、余熱でさらに火を通す。

5 あふれ出たジューを取り除き、冷蔵庫で一晩寝かせる。

仕上げる

1 3cm厚さに切ってプレートに盛り、自家製ピクルスのみじん切り、ミニトマト、粒マスタードを添え、セルフィユとエディブルフラワーを飾る。

2 エクストラバージン・オリーブオイルをパテにかけ、一味唐辛子、サラダスパイスを混ぜ合わせてふりかける。

取材にご協力いただいたシェフとお店の紹介

木下和彦

きのした・かずひこ

1959年生まれ。30歳のときフランス料理を天職として定め、邁進。「ブラッスリー・ヴェラ」シェフを経て97年に独立開店し、“予約の取れない店”として一世を風靡。2014年に客席を10席減らすリニューアルを行い、80歳まで現役を目指している。

レストラン キノシタ

東京都渋谷区代々木3-37-1
エステートビル1F
☎03-3376-5336
http://www.restaurant-kinoshita.com

本文p8～15

涌井勇二

わくい・ゆうじ

1968年生まれ。洋食店を営む両親のもと、ビーフシチュー、オムレツ、ポタージュを「おふくろの味」として育つ。「ブラッスリー・ベルナール」などで修業後、26歳で渡仏し、南西部の暮らしと食文化の奥深い魅力に魅せられる。六本木「ラ・キュイジーヌ」シェフを経て2001年に独立開店。

コムアラメゾン

東京都港区赤坂6-4-15
☎03-3505-3345

本文p16～23

渡邉幸司

わたなべ・こうじ

1970年生まれ。大阪「リーガロイヤルホテル」で10年、フランスで3年修業後、東京へ。「銀座レカン」「レディタン ザ・トトキ」、レカングループ各店シェフを経て2014年より現職。ひとつひとつの工程に意味を求める理論派料理人。

ロテスリーレカン

東京都中央区銀座5-11-1　1F
☎03-5565-0770
http://www.lecringinza.co.jp/rotisserie

本文p46〜47

荻野伸也

おぎの・しんや

1978年生まれ。「レストランキノシタ」副シェフ、「キャスクルート」シェフを経て2007年独立開店。「スローなファストフード」がコンセプトの「ターブルオギノ」を4か所で展開するなど、総菜の分野でも活躍中。医療関係者とのコラボなど多忙な日々を送る。

レストランオギノ

東京都世田谷区池尻2丁目20-9　1F
☎03-5481-1333
http://french-ogino.com

本文p32〜39

青木健晃

あおき・たけあき

1971生まれ。21歳、銀座「ペリニィヨン」で修業をスタートする。2000年渡仏、ブルゴーニュ地方で約2年働く。帰国後同店のシェフに就任して10年間勤め上げ、12年独立開店。長年携わったレストラン料理からブラッスリー料理に変わっても、手間暇かかるフレンチへの愛着は変わらない。

ル・ボーズ

東京都中央区銀座4-10-1
銀座AZAビル3F
☎03-5565-3055
http://www.lebonze.net

本文p24〜31

皆良田光輝

かいらだ・こうき

1964年生まれ。86年より「アピシウス」で13年、神田と六本木の「パ・マル」では通算9年間シェフをつとめ、2008年独立開店。狩猟に長年親しみ、ジビエのシーズンには自分で仕留めた材料を使うこともしばしば。

レストランKAIRADA

東京都中央区銀座2-14-6
第2松岡ビル1F
☎03-3248-3355
http://mm-homepage.com/kairada

本文p52〜55

菊地美升

きくち・よしなる

1966年生まれ。「オー・シザーブル」「クラブニュクス」で修業し渡欧。モンペリエ、ボーヌなど地方の名店とフィレンツェの三つ星で約5年働く。「アンフォール」シェフを経て2000年独立開店。いまも1年に1回、フランスのクラシックなグラン・メゾンを中心に研修を続けている。

ル・ブルギニオン

東京都港区西麻布3-3-1
☎03-5772-6244
http://le-bourguignon.jp

本文p50〜51

井本秀俊

いもと・ひでとし

1964年生まれ。「レ・ザンジュ」「クラブニュクス」等で修業し、渡仏。「ミッシェル・ゲラール」「レカミエ」などで2年働く。「ロアラブッシュ」副シェフ、「デュ・ヴァン・ハッシシ」を経て98年独立開店。クラシックに造詣が深く、地元のワインと合わせたフランス全土の郷土料理フェアを続けている。

ブーケ・ド・フランス

東京都港区六本木 7丁目10-3 小林ビル
☎03-3497-1488
http://bouquetmm.exblog.jp

本文p48〜49

金田賢二郎

かねだ・けんじろう

1974年生まれ。「ラ・トゥーエル」で7年間経験を積み、渡仏。地方を中心に星付きレストラン7軒で働く。帰国後に「ブルトン」「ランブイエ」のシェフを歴任し、2011年より現職。

デジーノ

東京都新宿区矢来町61
日東商事ビル1F
☎03-5261-8210
http://www.french-designo.jp

本文p60〜61

清水 将

しみず・すすむ

1975年生まれ。 和食を3年修業後、「ジャルダン・デ・サヴール」を経て渡仏。「マルク・ヴェラ」「アルページュ」、「ボナクイユ」、パリ屈指の精肉店「ユーゴ・デノワイエ」などで7年間働く。「ラール・エ・ラ・マニエール」シェフをつとめ、2013年独立開店。

アニス

東京都渋谷区初台1-9-7-1F
☎03-6276-0026
http://restaurant-anis.jp

本文p58〜59

内藤泰治

ないとう・やすはる

1967年生まれ。埼玉大学理学部卒業後「メルシャン」勤務を経て24歳から「オー・シザーブル」で給仕人として働き、31歳で独立開店。修業はせずに独学で学んだ料理の背後には、自由な発想と生命科学の知見がある。

サルキッチン

東京都中野区東中野1-22-13
☎03-3360-4220
http://lasalle-cuisine.dreamblog.jp

本文p56〜57

木下聡二郎

きのした・そうじろう

1975年生まれ、25歳まで和食の修業を積んだのち、フレンチに転向。都内数か所のレストランでシェフとして腕をふるい、36歳で独立開店。

ビストロ トロワキャール

東京都世田谷区若林4-21-4
宮田屋ビル2F
☎03-5787-6362
https://www.facebook.com/TROISQUARTS

本文p65

齋藤富治夫

さいとう・ふじお

1961年生まれ。代官山「小川軒」で修業をはじめ、25歳で渡仏。南仏コート・ダジュールを拠点に8年間に渡って研鑽を積み、ミシュラン1つ星「オーベルジュ・デュ・ジャリエ」のシェフに就任。帰国後「湧AZABU」「ラ・フィーユ・リリアル」で活躍後、「フレンチバル　ルフージュ」のシェフに就任。

フレンチバル ルフージュ 神楽坂店

東京都新宿区神楽坂 3-1
クレール神楽坂Ⅱ 3F
☎ 03-5579-8910
http://www.refuge-828.com

本文p64

小野寺 隆

おのでら・たかし

1976年生まれ。調理師学校を卒業後、都内を中心にレストランで10年間修業を積む。30歳で独立開店。肉料理を得意とし、パテやベーコンなど、シャルキュトリーには特に力を注ぐ。

ビュットブラッスリー

東京都中央区日本橋人形町2-33-4
コートモデリア人形町1F
☎03-5623-9667
http://but-brasserie.jimdo.com

本文p63

野村裕亮

のむら・ゆうすけ

1980年生まれ。服部栄養専門学校卒業後、「シェ松尾」の青山サロン、広尾「エノテカ」、目黒「ルヴェソンヴェール駒場」で約８年間修業を積み、25歳より銀座「ボン・シャン」のシェフをつとめる。「パピエドレ」の立ち上げに参加し、シェフに就任。

パピエドレ

東京都渋谷区東2-26-16
☎03-3797-4946
http://papierdore.com

本文p68

髙橋 豊

たかはし・ゆたか

1969年生まれ。20歳から料理修業を開始し、千葉県のホテルでフランス料理とイタリアンを学ぶ。レストラン、ワインバーなど都内と千葉県内の数店でシェフをつとめ、2010年に独立開店。

カナイユ

東京都台東区寿3-19-2
シュロス浅草１F
☎03-5830-3886
http://canaille-asakusa.jimdo.com

本文p67

遠藤 力

えんどう・つとむ

1969年生まれ。21歳で青山「ポンテベッキオ」に入店し、26歳でシェフに就任。渡伊し、現地で修業を積んだのち、カリフォルニアワインに魅せられ、渡米。カリフォルニアのワイナリーやレストランで修業を重ね、フランス料理に目覚める。帰国後、32歳から西麻布「サイタブリア」のシェフを７年間つとめ、2011年に独立。

ビストロ チカラ

東京都港区虎ノ門3-11-8
山田ビル１F
☎03-5408-6328

本文p66

小笠原正人

おがさわら・まさと

1980年生まれ。17歳で料理の道に入り、銀座「モンタニエ」「キャピタルクラブ」で修業を積む。赤坂「アステリックス」でリヨン料理に本格的に出合い、感銘を受ける。池尻大橋「ビストロ・リヨン」、表参道「ビストロ　ル・マン」でシェフをつとめ、2013年独立。

ル・ブション・オガサワラ

東京都渋谷区円山町13-16
BNKビル1F
☎03-6427-0327

本文p71

中秋陽一

なかあき・よういち

1981年生まれ。19歳から恵比寿「モナリザ」で修業を積み、21歳で渡仏。「レスペランス」「アルベール・プルミエ」など各地の星つきレストランで研鑽を積む。帰国後、28歳で独立し、学芸大学に「イグレック」を開店。2013年「ア・ターブル」開店。

ア・ターブル

東京都文京区湯島3-1-1
☎03-5812-2828
http://atable-y.com

本文p70

深味雄二

ふかみ・ゆうじ

1975年生まれ。19歳で料理の道を志し、「株式会社ひらまつ」に入社。23歳で「クレッセント」に入店し、さらに修業を積む。2001年、「マルディグラ」の立ち上げに参加し、スーシェフとして腕をふるう。2013年「イバイア」の立ち上げに参加し、シェフに就任。

イバイア

東京都中央区銀座3-12-5 1F
☎03-6264-2380
http://ibaia-ginza.com

本文p69

木原良尚

きはら・よしなお

1978年生まれ。二葉調理専門学校を卒業後、「クイーンアリス」「フェルミエール」など都内のフランス料理店で修業を積む。「ミッシェル・ブラス トーヤ ジャポン」で２年間研鑽を積んだのち、29歳で中野「アズキッチン」でシェフをつとめる。2014年独立開店。

lumielune

東京都渋谷区北沢3-18-5
伊藤ビル1F
☎03-3465-0573
http://r.gnavi.co.jp/hrb2kxxp0000

本文 p74

和田直己

わだ・なおき

1977年生まれ。精肉店を営む実家で育ち、19歳から料理修業をはじめ、2003年に渡仏。バスク地方の１つ星「オテルデピレネー・シェ・アランビット」で研鑽を積み、ランド地方の１つ星「ビラスティング」でスーシェフに就任。07年に帰国し、渋谷「アバスク」の立ち上げにシェフとして参加。13年独立開店。

バスク料理
サンジャン・ピエドポー

東京都渋谷区東1-27-5
シンエイ東ビル2F
☎03-6427-1344
http://home.s01.itscom.net/st-j-p-p

本文 p73

加藤木 裕

かとうぎ・ひろし

1982年生まれ。レコールバンタンを卒業後、21歳から西麻布「ウォールナッツ」、恵比寿「ル・ビストロ」、目黒「ラ・メゾン・ダミ」で修業を積む。30歳で独立し、2013年に「オ・デリス・ド・ドディーヌ」を開店。2014年に浜松町に「レ・ピフ・エ・ドディーヌ」を開店。

オ・デリス・ド・ドディーヌ

東京都港区芝大門2-2-7
7セントラルビル1F
☎03-6432-4440
http://bistro-dodine.com

本文 p72

羽根川泰地

はねかわ・たいち

1982年生まれ。24歳で新宿調理師専門学校卒業後、都内レストランで修業を積む。25歳で吉祥寺「ビストロ・エピス」に入店。28歳で2号店「サロン・ド・エピス」の立ち上げに参加し、シェフに就任。

サロン・ド・エピス

東京都武蔵野市吉祥寺南町2-9-10
吉祥寺ファーストビルB1F
☎0422-49-0210
https://www.facebook.com/salondeepicesjp

本文p77

河田力也

かわた・りきや

1981年生まれ。21歳で「ビストロパラザ」に入店し、酒井一之氏に師事する。2007年に渡仏し、リヨン「リオネル・ロブレ」、パリ「ジル・ヴェロ」、バスク「オスピタル」など各地のシャルキュトリーで5年間研鑽を積む。2015年に「オーボンヴュータン」の移転に伴い、シャルキュトリー・トゥレトゥール部門を設立。

オーボンヴュータン

東京都世田谷区等々力2-1-3
☎03-3703-8428

本文p76

井上武士

いのうえ・たけし

1985年生まれ。18歳で上京し、銀座のフランス料理店で修業。24歳で渡仏し、パリの「レストラン トヨ」「ラ・トリュフィエール」「ラ・レガラード」で研鑽を積む。26歳で帰国し、六本木「トリプルアール」のシェフに就任。2013年に「ビストロ ヴィヴァン」の立ち上げに参加。

ビストロ ヴィヴァン

東京都千代田区内神田1-18-11　1F
☎03-6854-3408
http://www.bistrot-vivant.com

本文p75

中里 寛

なかざと・ひろき

1976年生まれ。22歳から「第一ホテル東京」で修業し、27歳で銀座「レストランG」のシェフに就任。 六本木「トンネル」で活躍後、2011年、「ワインホール神田小西」の立ち上げに参加、シェフに就任。

ワインホール神田小西

東京都千代田区神田小川町1-11
小西ビル1F
☎03-5577-4700
http://winehall.kanda-konishi.co.jp

本文p81

山田佳則

やまだ・よしのり

1982年生まれ。代官山「ブラッスリー　バッカーノ」に22歳で入店したのをきっかけに料理の道に進む。「グローバルダイニング」で6年間修業を積んだのち、秋葉原「オステリア　ヴォラトリオ」でシェフとして腕をふるう。2013年、「アリア」シェフに就任。

クッチーナ イタリアーナ アリア

東京都港区六本木7-10-23
ボラーノ六本木1F
☎03-3403-1670
http://cucina-italiana-aria.jimdo.com

本文p80

中島忠昭

なかじま・ただあき

1980年生まれ。20歳で料理の道を志し、専門学校を卒業後、都内のレストランで修業を積む。29歳で渡仏し、リヨンの2つ星「ル・ベック」で研鑽を積む。帰国後、市ヶ谷「シェ・オリビエ」でスーシェフとして腕をふるい、2012年、「ビストロ　ボアドック」の立ち上げに参加し、シェフに就任。

ビストロ ボアドック

東京都豊島区南池袋2-10-3 1F
☎03-3971-8155
http://gocchis.jp/voirdeaux

本文p78

松浦雄太

まつうら・ゆうた

1979年生まれ。16歳で料理の道に入り、イタリアンなどで修業を積む。20歳で「ビストロパラザ」に入店し、酒井一之氏に師事。都内のレストランでシェフをつとめたのち、2013年「クイーンオブチキンズ」総料理長に就任。

クイーンオブチキンズ ゲストハウス

東京都港区新橋3-8-8
リバティ8 2F
☎03-6450-1511
http://queenofchickens.com

本文p84

松浦寛大

まつうら・かんだい

1983年生まれ。仙台の調理師学校を卒業後、24歳で株式会社コンセプションに入社。恵比寿のイタリアン「アルマ」、銀座のフレンチバー「ヴァプール」で約4年修業し、28歳でシェフに就任。2012年、「ミート＆ベーカリー タバーン」の立ち上げに参加し、シェフに就任。

ミート&ベーカリー タバーン

東京都目黒区上目黒1-5-7
代官山関ビル1F
☎03-6412-7644
http://www.conception-gp.com/tavern

本文p83

諸橋新之助

もろはし・しんのすけ

1971年生まれ。服部栄養専門学校卒業後、「クイーン・アリス」「ラマージュ」で修業を積む。27歳で麻布十番「ラ・スウィット」のシェフに就任。30歳で渡仏し、「トゥールーズ」にて研鑽を積む。帰国後、表参道「ル・カフェ・ベルトレ」「クルックキッチン」のシェフとして腕をふるい、2012年に独立開店。

ポークストック

東京都北区中十条3-16-7
☎03-3908-2297

本文p82

髙橋篤史

たかはし・あつし

1988年生まれ。町田調理師専門学校を卒業後、本厚木「ガトー」でパティシエの修業を積む。「ダイアモンドダイニング株式会社」に入社し、和食店やバルを経験したのち、25歳で「ツイテル」に入店。26歳で「ツイテル和」の料理長に就任。

ツイテル 和

東京都中野区中野5-55-15
03-3389-2005
http://www.gaoss.co.jp

本文p87

瀬島徳人

せしま・のりひと

1980年生まれ。25歳でインドへ渡り、現地のホテルで修業を積む。帰国後、大森「ケララの風」の立ち上げに参加し、3年間シェフをつとめたのち、都内のビストロでフランス料理の原点を学ぶ。2014年に独立開店。

オリエンタルビストロ 桃の実

東京都文京区本郷3-30-7
☎03-3868-3238
http://www.momo-no-mi.jp

本文p86

大山哲平

おおやま・てっぺい

1980年生まれ。洋食屋でのアルバイトがきっかけで料理の道を志す。恵比寿「マ・メゾン」、銀座「銀兎」をはじめ、都内のイタリアンやフレンチで約8年修業を積む。2012年「ラスボカス」に入店し、2013年シェフに就任。

ラスボカス

東京都渋谷区渋谷3-2-3
帝都青山ビルB1F
☎03-3406-0609
http://las-bocas.com

本文p85

加藤友則

かとう・とものり

1981年生まれ。「シルヴァニア森のキッチン」でのアルバイトをきっかけに料理の面白さに目覚める。アジアンダイニング「豆花」での修業を経て、31歳で「アルボール」に入店。32歳でシェフに就任。

アルボール神楽坂

東京都新宿区神楽坂4-7
☎03-6457-5637

本文p89

辻 英充（左）

つじ・ひでみつ

1976年生まれ。株式会社関門海に入社し、ふぐ料理店などで約10年勤務したのち、野方「秋元屋」で修業を積む。33歳で独立。上板橋「やきとんひなた」を皮切りに、大山店、志村坂上店、居酒屋「魚猫」、イタリアン「君想ふ」、割烹「雨ニモマケズ」を開店。

松崎丈幸（右）

まつざき・たけゆき

1970年生まれ。服飾店勤務を経て、2012年にひなたに入店。2013年に大山店店長に就任。

やきとんひなた 大山店

東京都板橋区大山町8-8
03-3955-0086
http://yakiton-hinata.com

本文p88

人気バル&バール 評判メニュー 260

定価2500円+税

パテ・リエットから、
肉料理、サラダ・野菜料理、
煮込み・アヒージョ、
食事メニューまで。
スペインバル、
フレンチバル、
イタリアンバール、
ワインバー、
和バル…など
話題の39店の
メニューを紹介。

バル&バール必須の
メニューが分かる!

お申し込みはお早めに!

★お近くに書店のない時は、直接、郵便振替または現金書留にて下記へお申し込み下さい。

旭屋出版 〒107-0052 東京都港区赤坂1-7-19 キャピタル赤坂ビル8階
☎03-3560-9065㈹ 振替/00150-1-19572 http://www.asahiya-jp.com

フランスの伝統×シェフの独創性

パテ・ド・カンパーニュ
完全ルセット集

発行日　2015年7月25日　初版発行

編者　パテ・ド・カンパーニュ編集委員会

企画・制作　オフィスＳＮＯＷ
編集　畑中三応子　木村奈緒
撮影　黒部 徹
村木葉月
デザイン　津嶋佐代子（津嶋デザイン事務所）
中村かおり

発行者　早嶋　茂
制作者　永瀬正人
発行所　株式会社 旭屋出版
〒107-0052 東京都港区赤坂1-7-19 キャピタル赤坂ビル8階
電話　03-3560-9065（販売）
03-3560-9066（編集）
FAX　03-3560-9071（販売）

旭屋出版ホームページ　http://www.asahiya-jp.com

郵便振替　00150-1-19572

印刷・製本　株式会社シナノ

ISBN978-4-7511-1152-9　C2077

◎本書に掲載している情報はすべて、
2015年6月現在のものです。
発行後、メニュー内容、価格などが
変更する場合があります。
◎価格は税込み、税抜き両方の場合があります。
詳しくは各店にお問い合わせください。